Projeto Impresso
Gravura em Revista

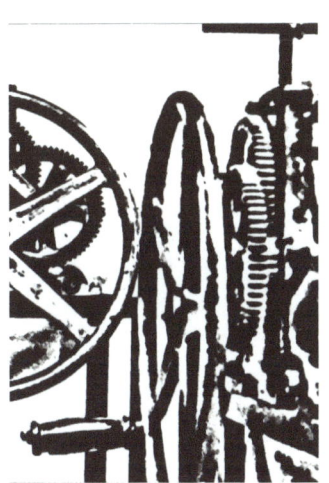

Projeto Impresso π

Coordenação: Angela Rolim
Projeto Gráfico: Silvana Soriano
versão para o inglês: Sofia Soriano

Ano II Número 2 April 2021
Edição Projeto Impresso
Uma publicação quase quadrimestral
do Ateliê Projeto Impresso
Rua Eng⁰ Pena Chaves 6 casa 9
Jardim Botânico, RJ Brasil
Arte Contemporânea: Gravura, Múltiplos, Fotogravura, Fotografia.

Todos os direitos desta edição reservados
ao Ateliê Projeto Impresso
©Projeto Impresso
ISBN: 9798742834069
Imprint: Independently published

Projeto Impresso π

Coordenation: Angela Rolim
Graphic Design: Silvana Soriano
translation to English: Sofia Soriano

Year II Number 2 April 2021
Edition Projeto Impresso
Publication almost quarterly
of Ateliê Projeto Impresso
Rua Eng⁰ Pena Chaves 6 casa 9
Jardim Botânico, RJ Brazil
Contemporary Art: Printmaking, Multiple, Photoengraving, Photography.

All rights reserved to
Atelier Projeto Impresso
©Projeto Impresso
ISBN: 9798742834069
Imprint: Independently published

Sumário/ Content

Editorial — 4

Nena Balthar — 6

Claudia Tebyriçá — 12

Guillaine Querrien — 18

Claudio Roberto Castilho — 24

Edson Silveira — 30

Cynthia Dreyer — 36

Nkosana Nhlapo — 42

Eliane Avellar — 48

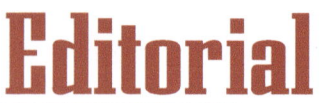

Projeto Impresso

The Same Otherness

Keeping the task of Vélazquez, narrated in the first edition, and incorporated into the Projeto Impresso studio in search of works to compose the new edition of Gravura em Revista, we continued the dialogues between the artists participating in the studio and invited printmakers. Enthusiastic partnerships expand the feeling of the vast, unlimited, and intensity that encompasses graphic works. This construction little by little unleashes the dynamics that contribute so much to our publication. The poetics that emerge from this movement are represented here by Claudia Tebyriçá when she makes the reading of the traces of her thoughts join the delicate noises ordered with Nena Balthar. Claudio Roberto Castilho duets with moving images and compositions by Guillaine Querrien, who works between Rio and Paris. Cynthia Dreyer identifies her work's dynamics and versatility to the graphic understanding of the artist, Edson Silveira. And when Eliane Avellar leaves her mark, she reads and pulls the cord of the South African recorder Nkosana Nhlapo.

Projeto Impresso
March de 2021

A Mesma Alteridade

Mantendo a tarefa de Vélazquez, narrada na primeira edição, e incorporada ao ateliê Projeto Impresso na busca de obras para compor a nova edição da Gravura em Revista, continuamos os diálogos entre os artistas participantes do ateliê e gravadores convidados. Parcerias de entusiasmo ampliam a sensação do vasto, do ilimitado e da intensidade que abrangem as obras gráficas. Essa construção pouco a pouco desencadeia a dinâmica que tanto contribui para nossa publicação. A poética que se depreende desse movimento está aqui representada por Claudia Tebyriçá quando faz a leitura dos traços de seus pensamentos juntar-se aos delicados ruídos ordenados com Nena Balthar. Claudio Roberto Castilho faz dueto com as imagens em movimento e as composições de Guillaine Querrien, que trabalha entre Rio e Paris. Cynthia Dreyer identifica a dinâmica e versatilidade de seu trabalho ao entendimento gráfico do artista Edson Silveira. E Eliane Avellar, quando deixa sua marca, faz a leitura e puxa o fio de acolhimento do gravador sul-africano Nkosana Nhlapo.

Projeto Impresso
Março de 2021

Nena Balthar

Projeto Impresso

I have known Nena Balthar since the early nineties when we were part of the team of the Children and Youth Center of EAV / Parque Lage. It was ten years of joint work that involved art and education, with many exchanges between the team. Nena was already engraving, and I admired her work. I had no doubt in inviting her to participate in this edition of Gravura em Revista do Projeto Impresso. Their unique work reveals an intimacy with the different ways of making and perceiving prints that can only be added in our publication. It is a pleasure to have you here with us!

Conheço Nena Balthar desde o início dos anos noventa quando integramos a equipe do Núcleo de Crianças e Jovens da EAV/Parque Lage. Foram dez anos de um trabalho conjunto que envolvia arte e educação, com muitas trocas entre a equipe. Nena já fazia gravura, e eu admirava seu trabalho. Não tive dúvida em convidá-la para participar dessa edição da Gravura em Revista do Projeto impresso. Seu trabalho singular revela uma intimidade com os diversos modos de fazer e perceber a gravura que só tem a somar em nossa publicação. É um prazer tê-la aqui conosco. Salve!

Claudia Tebyriçá

· *Projeto Impresso* ·
· *Projeto Impresso* ·

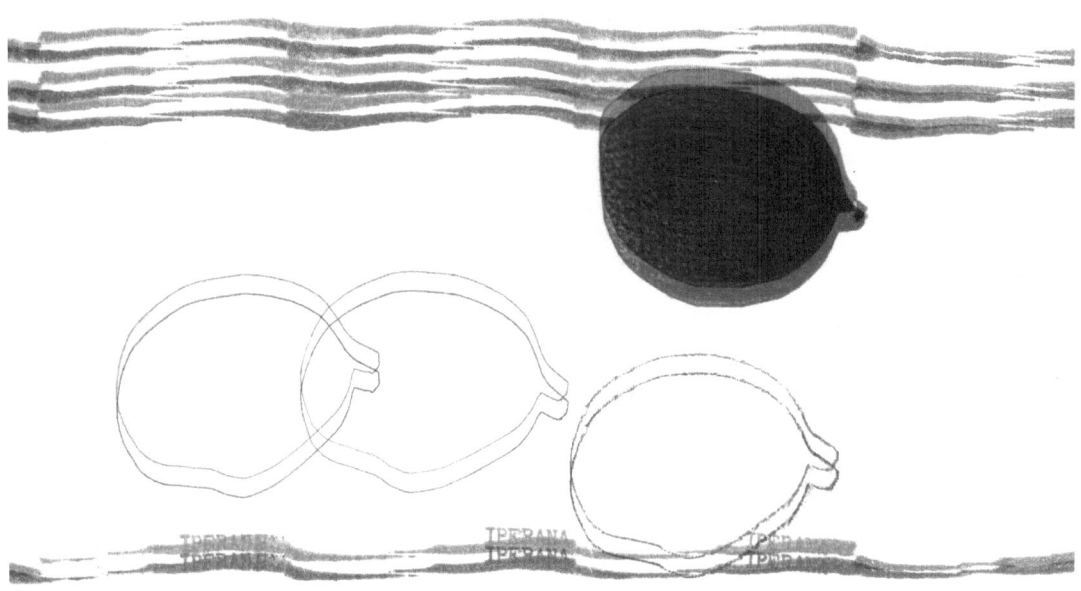

Série Iperana ou semelhante ao Ipê – Desenhos Gráficos
Série Iperana ou semelhante ao Ipê – Desenhos Gráficos
Iperana Series or similar to Ipê – Drawings
Iperana Series or similar to Ipê – Drawings
Pó de grafite, carimbo, aquarela e colagem
Pó de grafite, carimbo, aquarela e colagem
graphite powder, stamp, watercolor and collage
graphite powder, stamp, watercolor and collage
27,5cm x 21cm
27,5cm x 21cm
2019 – 2020
2019 – 2020

Nena Balthar

Projeto Impresso

Série Iperana ou Semelhante ao Ipê

A prática artística se dá operando gestos, seja no vídeo, na fotografia, na performance ou no papel. Na série Iperana ou semelhante ao Ipê, elaborada a partir da coleta de sementes e da experiência na floresta, utilizo o estêncil e o carimbo na superfície do papel, além do pó de grafite, colocando em movimento as marcas e repetições que formam a imagem desenhada, aplicando conceitos da gravura na realização destes desenhos. Tais procedimentos e recursos gráficos permitem a reprodução de alguns elementos que se apresentam em repetições nos desenhos. A ideia de múltiplo, característico da imagem gravada e impressa, é percebida neste conjunto de desenhos que também podem ser compreendidos como gravuras.

Artistic practice takes place by operating gestures, whether in video, photography, performance, or on paper. In the series Iperana ou semelhante ao Ipê, created from the experience in the forest and the gathering of seeds, I used a stencil and a stamp on the surface of the paper, in addition to the graphite powder, putting in motion the marks and repetitions that form the image, applying engraving concepts in the realization of these drawings. Such procedures and graphic resources allow the reproduction of some elements that are presented in repetitions in the drawings. The idea of replication, characteristic of the engraving and printed image is perceived in this set of drawings that can also be understood as printmaking.

•*Projeto Impresso*•

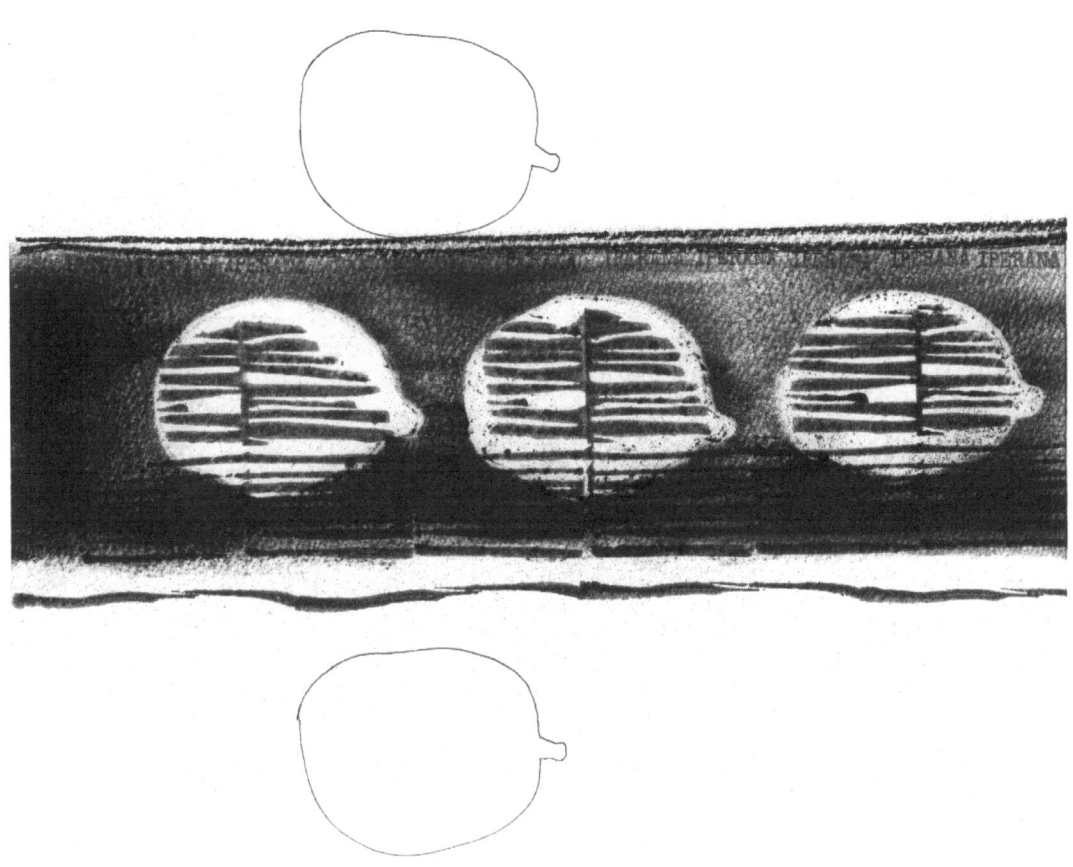

Série Iperana ou semelhante ao Ipê - Desenhos Gráficos
Iperana Series or similar to Ipê -Drawings
Pó de grafite, carimbo, aquarela e colagem
graphite powder, stamp, watercolor and collage
27,5cm x 21cm
2019 - 2020

Nena Balthar

Projeto Impresso

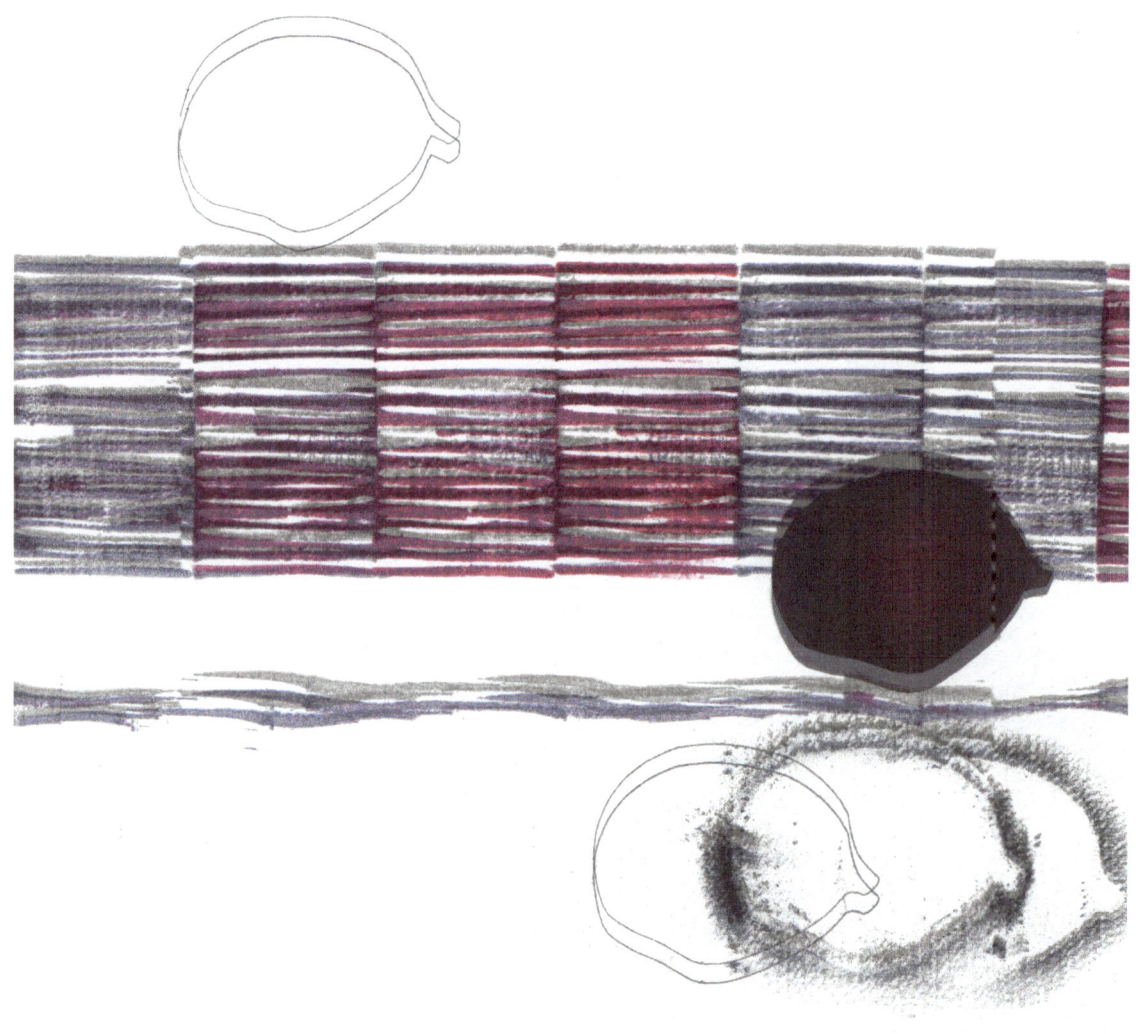

Série Iperana ou semelhante ao Ipê - Desenhos Gráficos
Iperana Series or similar to Ipê - Drawings
Pó de grafite, carimbo, aquarela e colagem
graphite powder, stamp, watercolor and collage
27,5cm x 21cm
2019 - 2020

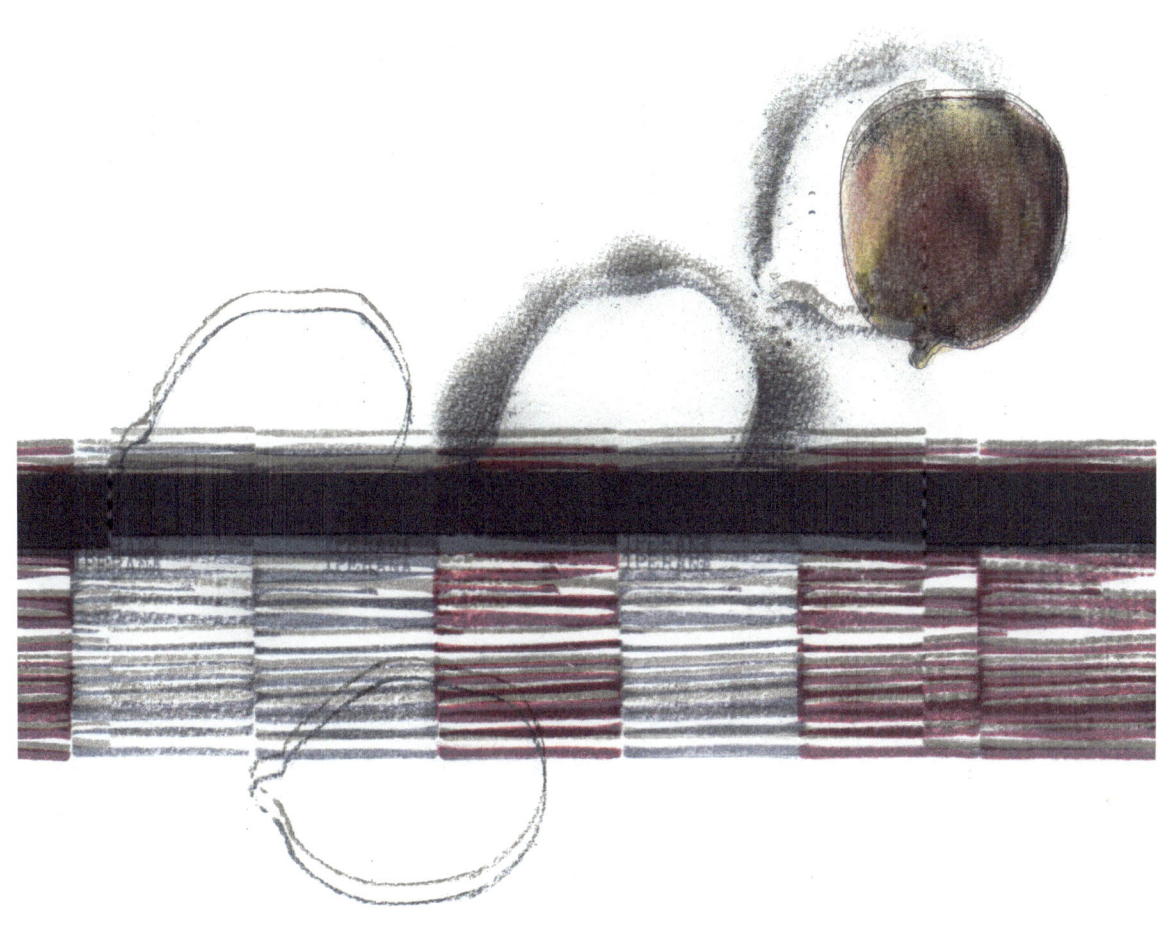

Série Iperana ou semelhante ao Ipê – Desenhos Gráficos
Iberana Series or similar to Ipê – Drawings
Pó de grafite, carimbo, aquarela e colagem
graphite powder, stamp, watercolor and collage
27,5cm x 21cm
2019 - 2020

Nena Balthar

•*Projeto Impresso*•

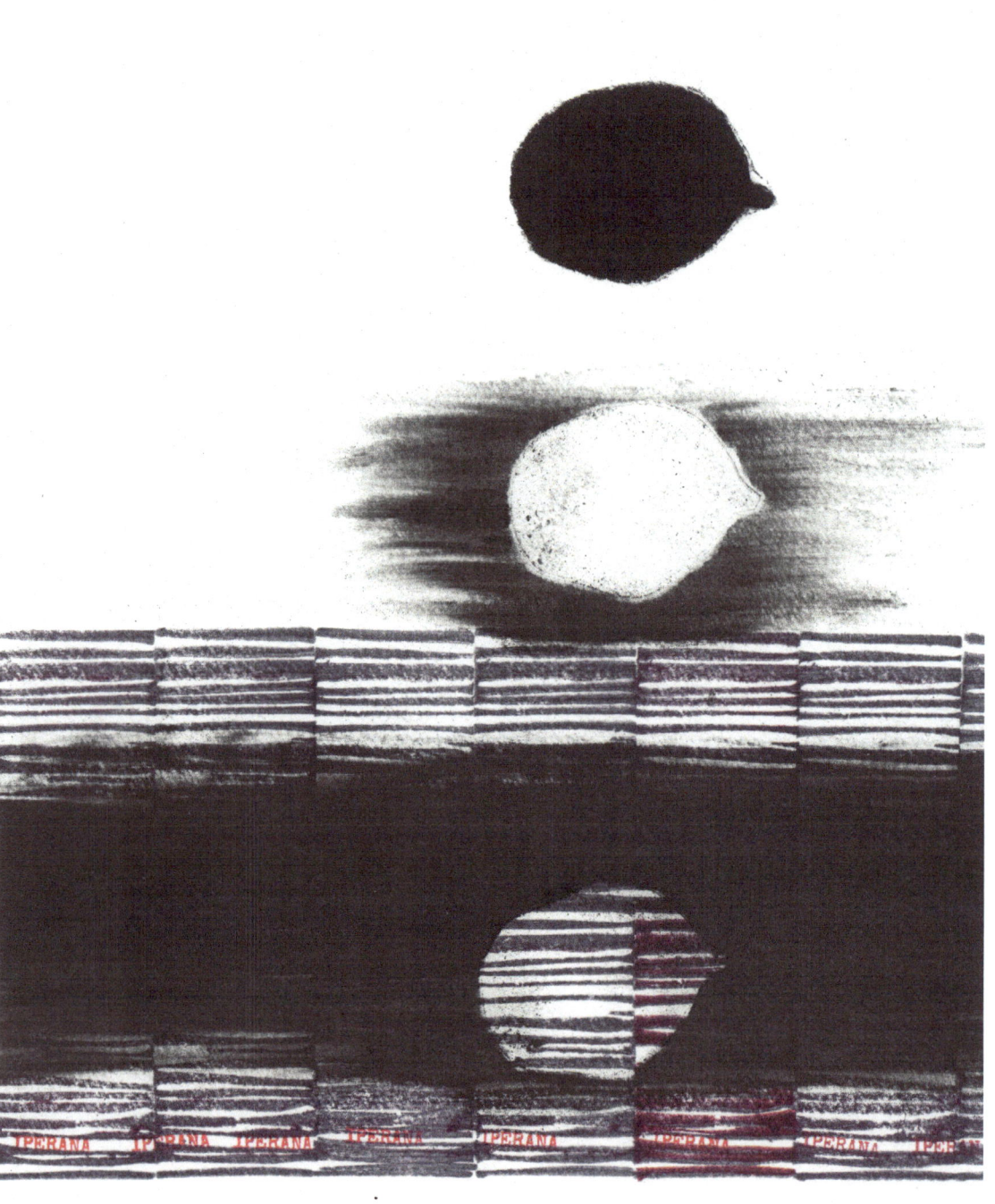

Série Iperana ou semelhante ao Ipê – Desenhos Gráficos
Iperana Series or similar to Ipê –Drawings
Pó de grafite, carimbo, aquarela e colagem
graphite powder, stamp, watercolor and collage
27,5cm x 21cm
2019 - 2020

•*Projeto Impresso*•

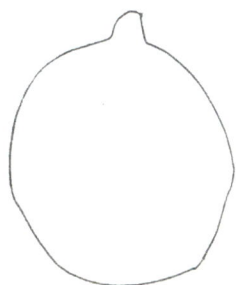

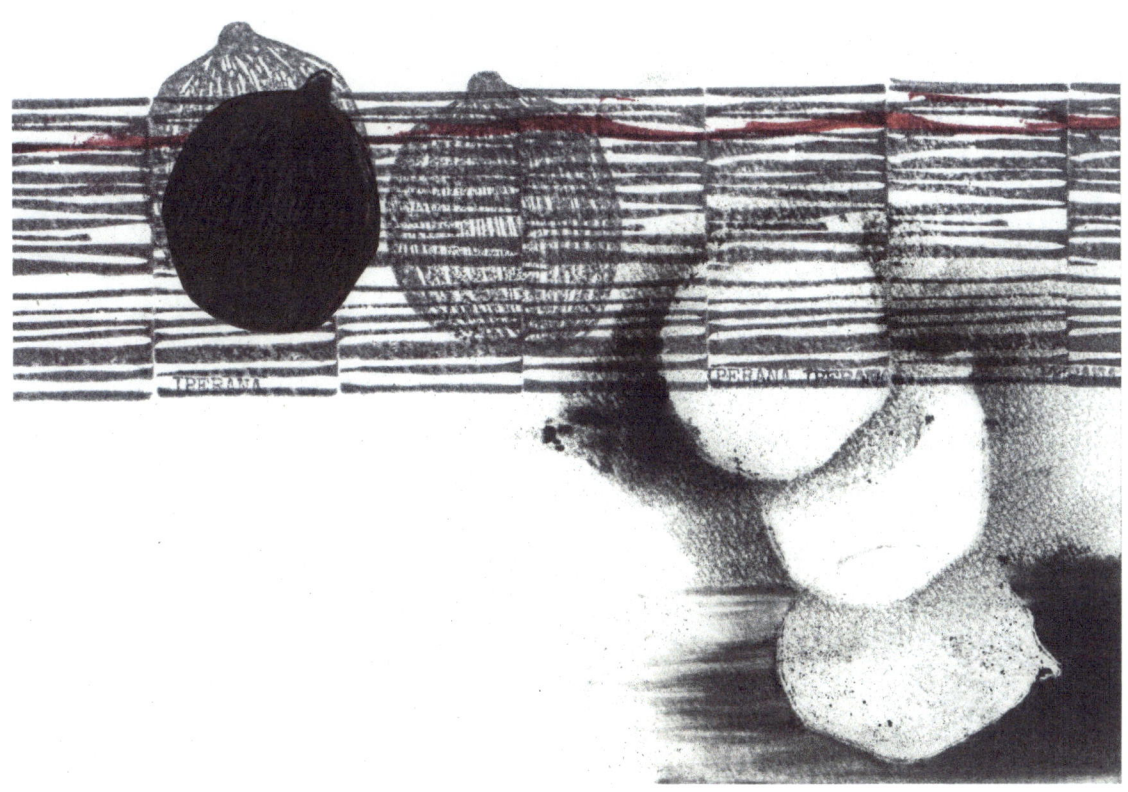

Série Iperana ou semelhante ao Ipê - Desenhos Gráficos
Iperana Series or similar to Ipê -Drawings
Pó de grafite, carimbo, aquarela e colagem
graphite powder, stamp, watercolor and collage
27,5cm x 21cm
2019 - 2020

Claudia Tebyriçá

Projeto Impresso

Almost Landscapes

The basic colors are always the same: a certain red, which has a smudge of blue; a certain yellow, with a hint of red; and a blue, whole, integral. From these colors, rollers, tow, and other materials come into play, which is eventually present in the marks, the result of gestures, of a thinking-doing. The process is a plunge into the gesture, at the bottom of the base, in the space of the paper. Almost Landscapes is the name of a survey that encompasses several possibilities for configurations. The images that are revealed as the result of the unique impressions refer to landscapes that inhabit the unconscious, seen from the windows of cars or buses, on the roads. Landscapes form and disappear in seconds. Here I present two procedures: the unique composition, in which the fragmented bases host the same cut-out landscape, as seen from a window, from a tipper; and landscape fragments, presented in small formats, which can be articulated among themselves, or present themselves in their unit. A unit composed of fragments, fragments that are a unit.

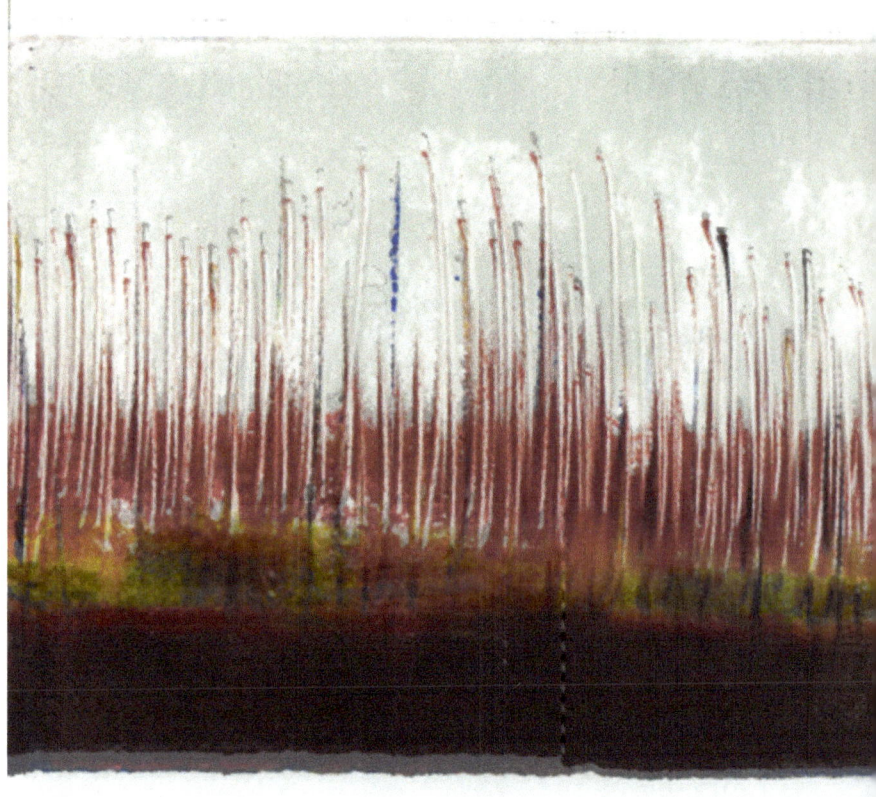

Quase paisagem. Série 2X1.1
Monotipia em papel
Monotype on paper
16 X10,5 cm

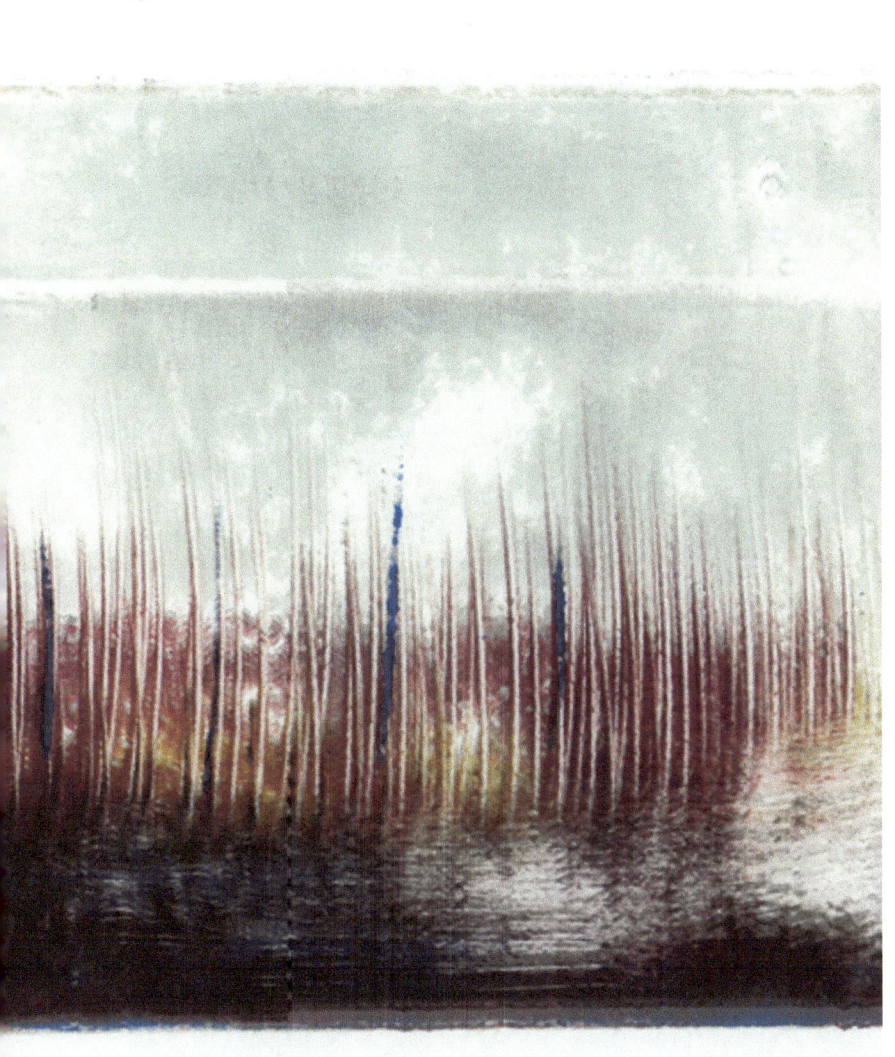

Quase Paisagens

As cores de base são sempre as mesmas: um certo vermelho, que leva um sujinho de azul; um certo amarelo, com uma pitadinha do vermelho; e um azul, inteiro, integral. A partir dessas cores, entram em cena os rolos, as estopas e outros materiais que eventualmente se fazem presentes nas marcas, fruto dos gestos, de um pensar fazendo. O processo é um mergulho no gesto, no limite da base, no espaço do papel. Quase paisagens é o nome de uma pesquisa que engloba várias possibilidades de configurações. As imagens que se revelam no resultado das impressões únicas remetem a paisagens que habitam o inconsciente, vistas das janelas dos carros ou ônibus, nas estradas. Paisagens que se formam e se esvaem em segundos. Aqui apresento dois procedimentos: a composição única, em que as bases fragmentadas sediam uma mesma paisagem recortada, como vista de uma janela, de um basculante; e os fragmentos de paisagem, apresentados em pequenos formatos, que podem ser articulados entre si, ou se apresentarem em sua unidade. Unidade composta por fragmentos, fragmentos que são uma unidade.

15

Claudia Tebyriçá

Projeto Impresso

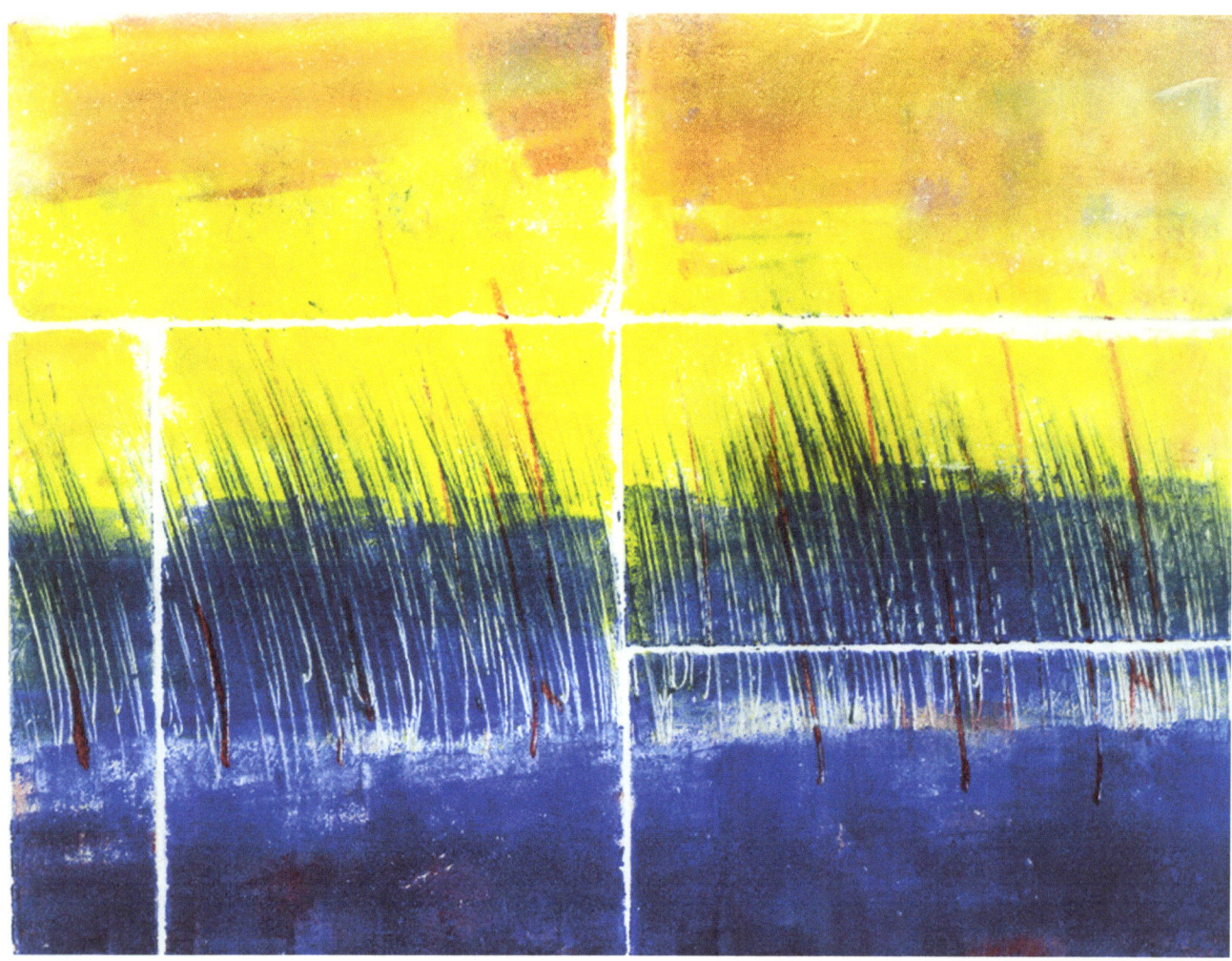

Série A. Paisagem na janela1
Monotipia em papel
Monotype on paper
24 X32 cm

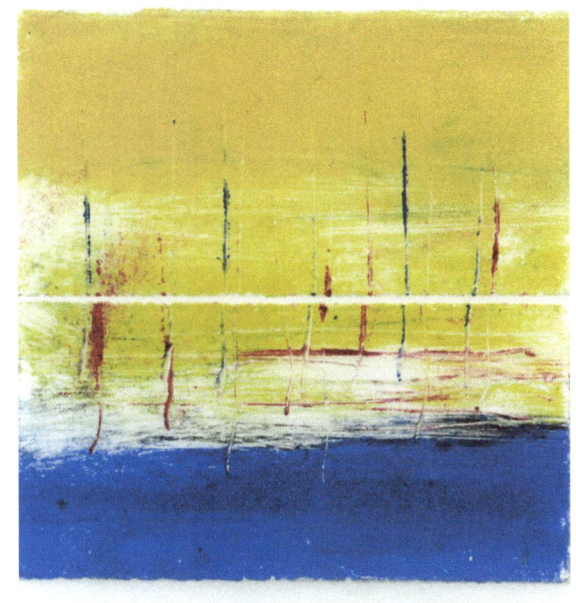

Quase paisagem. 4
Monotipia em papel
Monotype on paper
8 X 10,5 cm

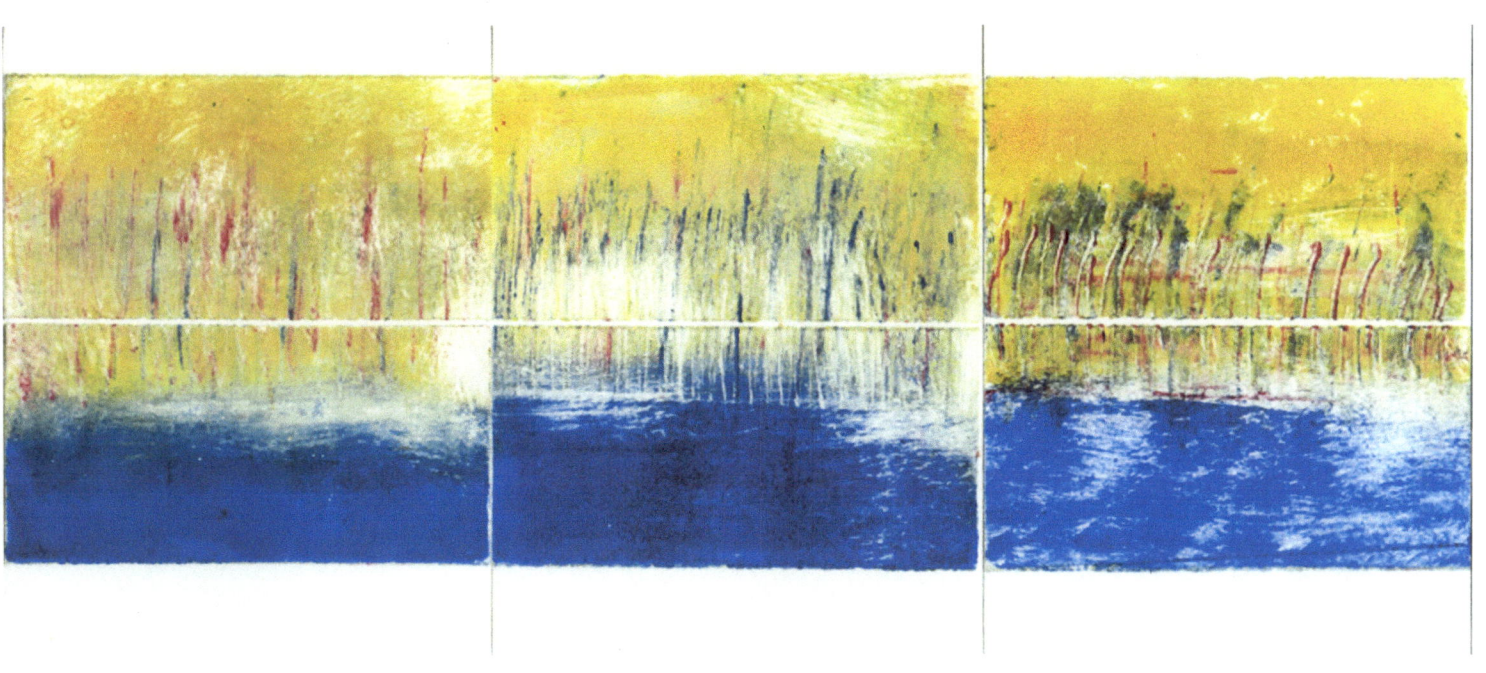

Quase paisagem. Série 3X1.1
Monotipia em papel
Monotype on paper
24 X 10,5 cm

Claudia Tebyriçá

•Projeto Impresso•

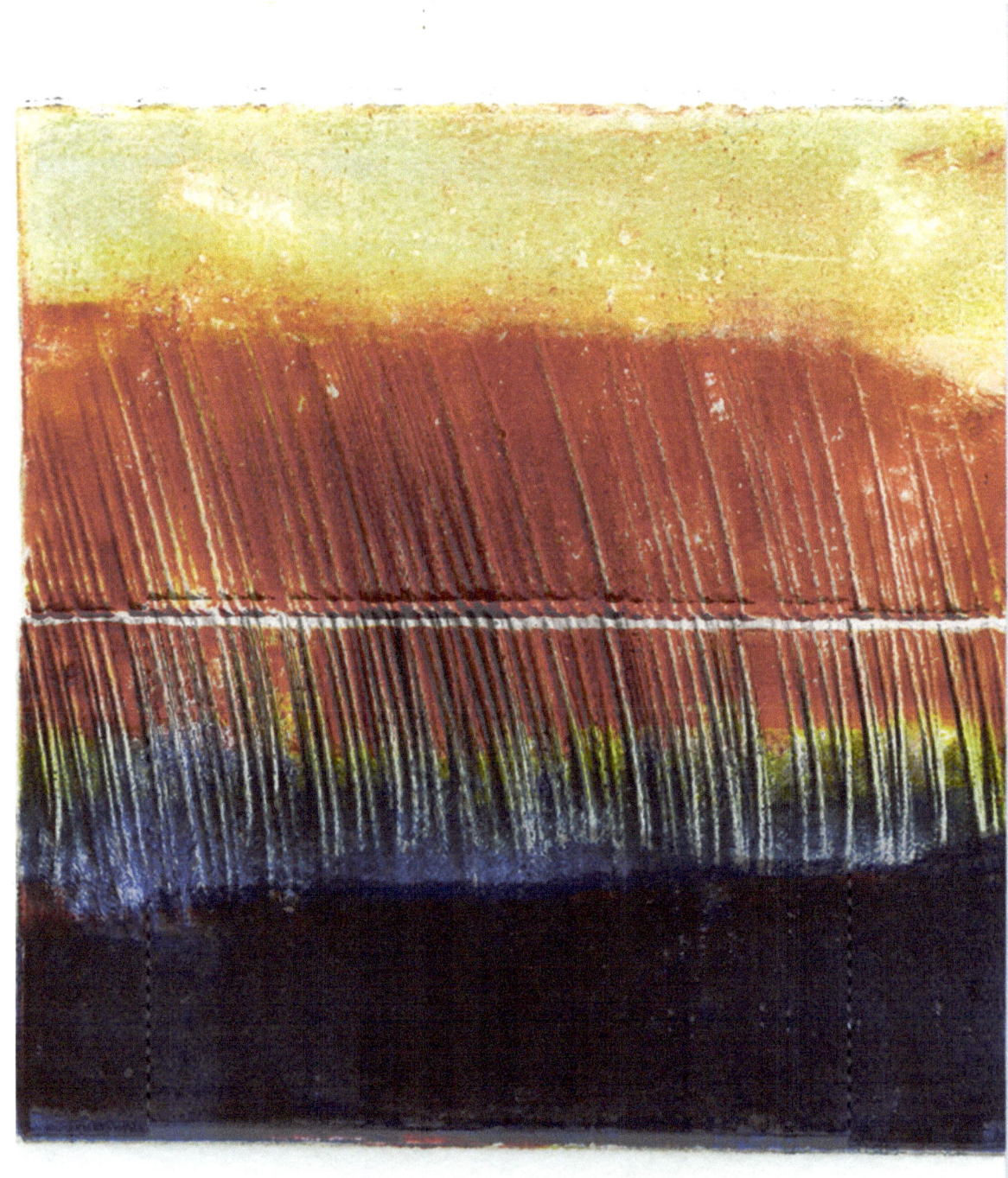

Quase paisagem 2/2
Monotipia em papel
Monotype on paper
8 x 10,5 cm

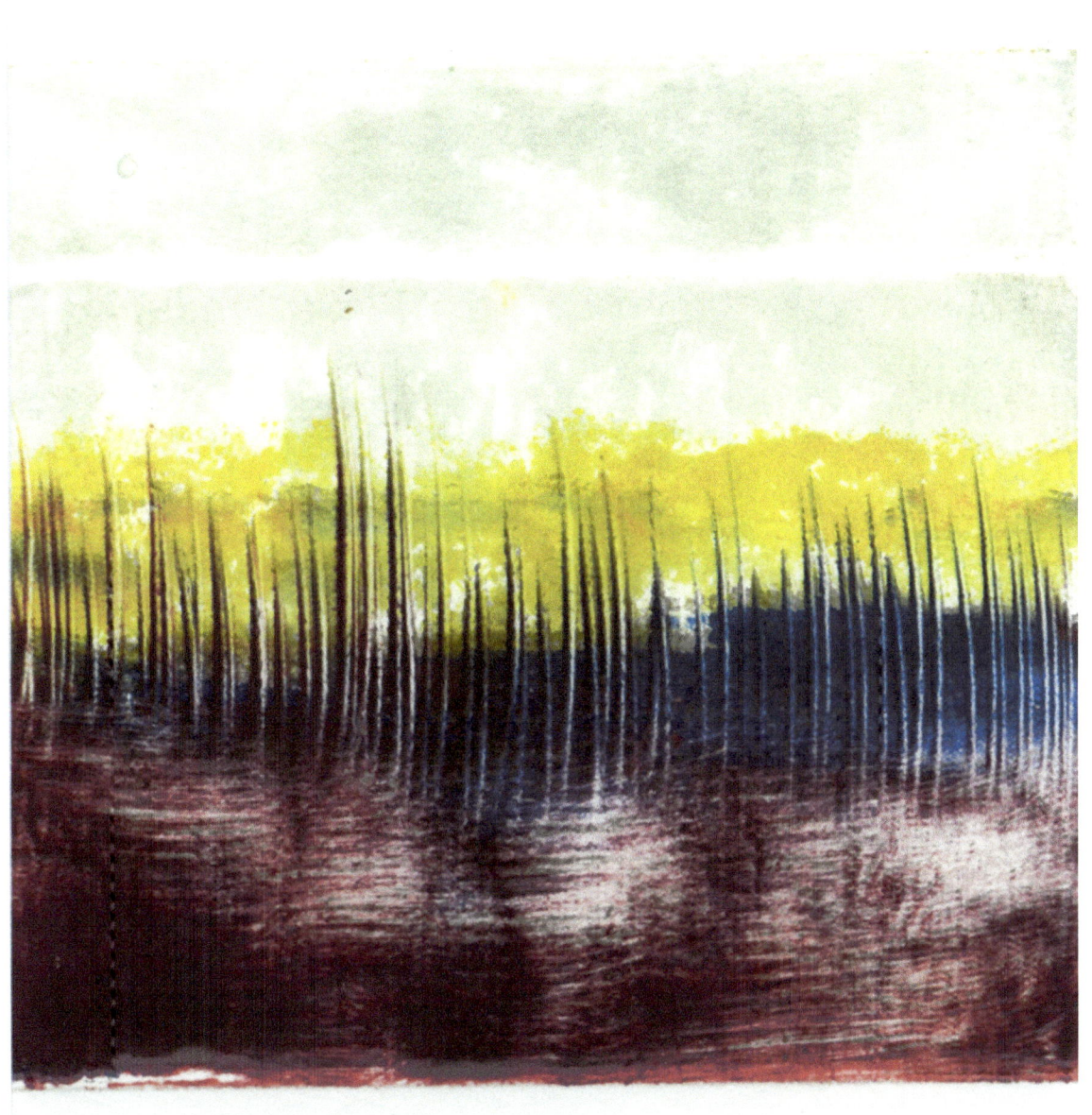

Quase paisagem. 6
Monotipia em papel
Monotype on paper
8 x 10,5 cm

ClaudiaTebyriçá

•*Projeto Impresso*•

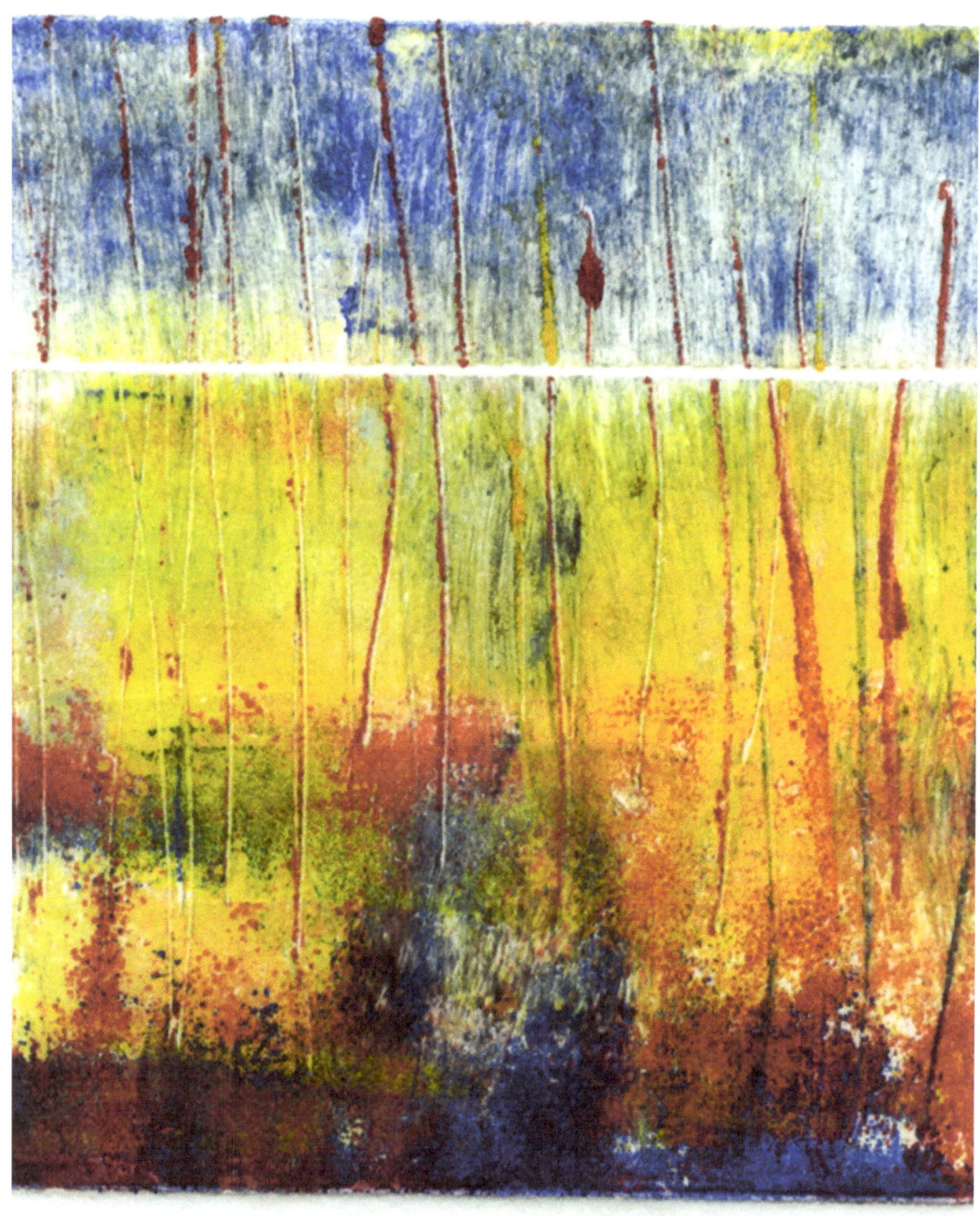

Quase paisagem. 3
Monotipia em papel
Monotype on paper
8 X 10,5 cm

•*Projeto Impresso*•

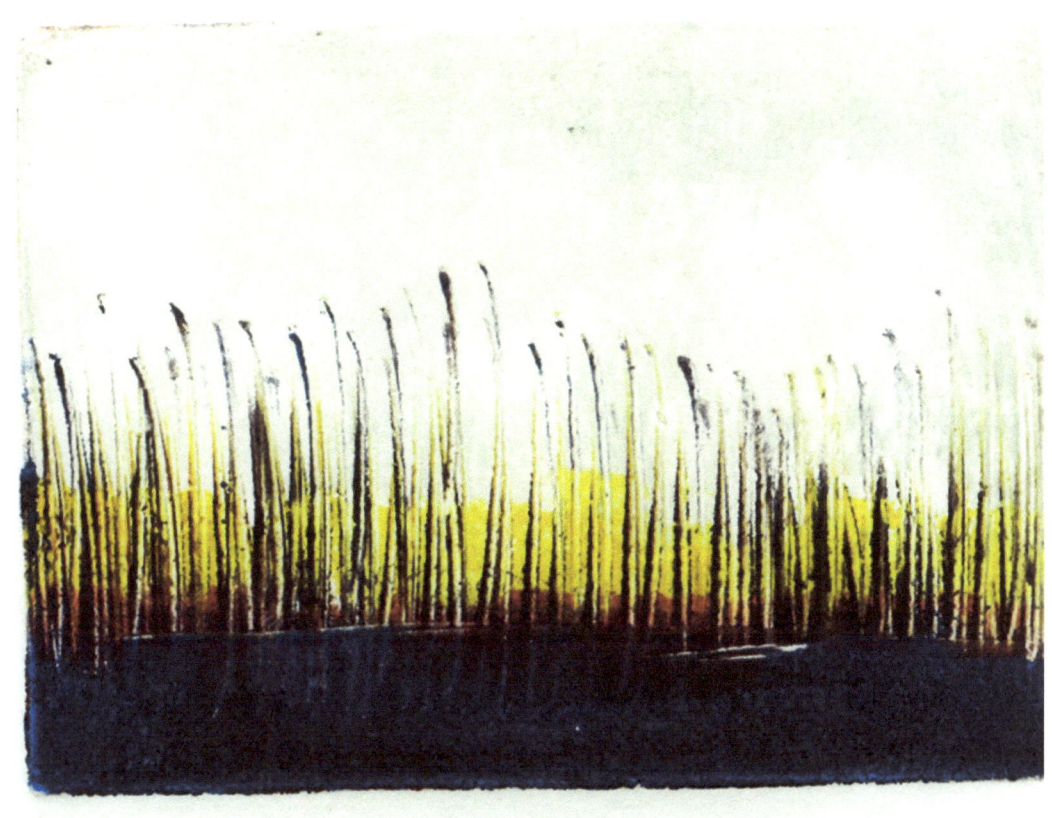

Quase paisagem. 5
Monotipia em papel
Monotype on paper
8 X 10,5 cm

Guillaine Querrien

Projeto Impresso

I've known my friend Guillaine Querrien for many years, ever since we were young artists. She often moved between Rio and Paris, building an international career, and me here, admiring her comings and goings. I always liked her work where landscapes, forms of nature and even human figures are confused in an almost abstractionism. Her technical skill and mastery, both with the brush and in the engraving, are notable.
With great pleasure, I invited this unique artist to be part of this issue of "Gravura em Revista".

Claudio Roberto Castilho

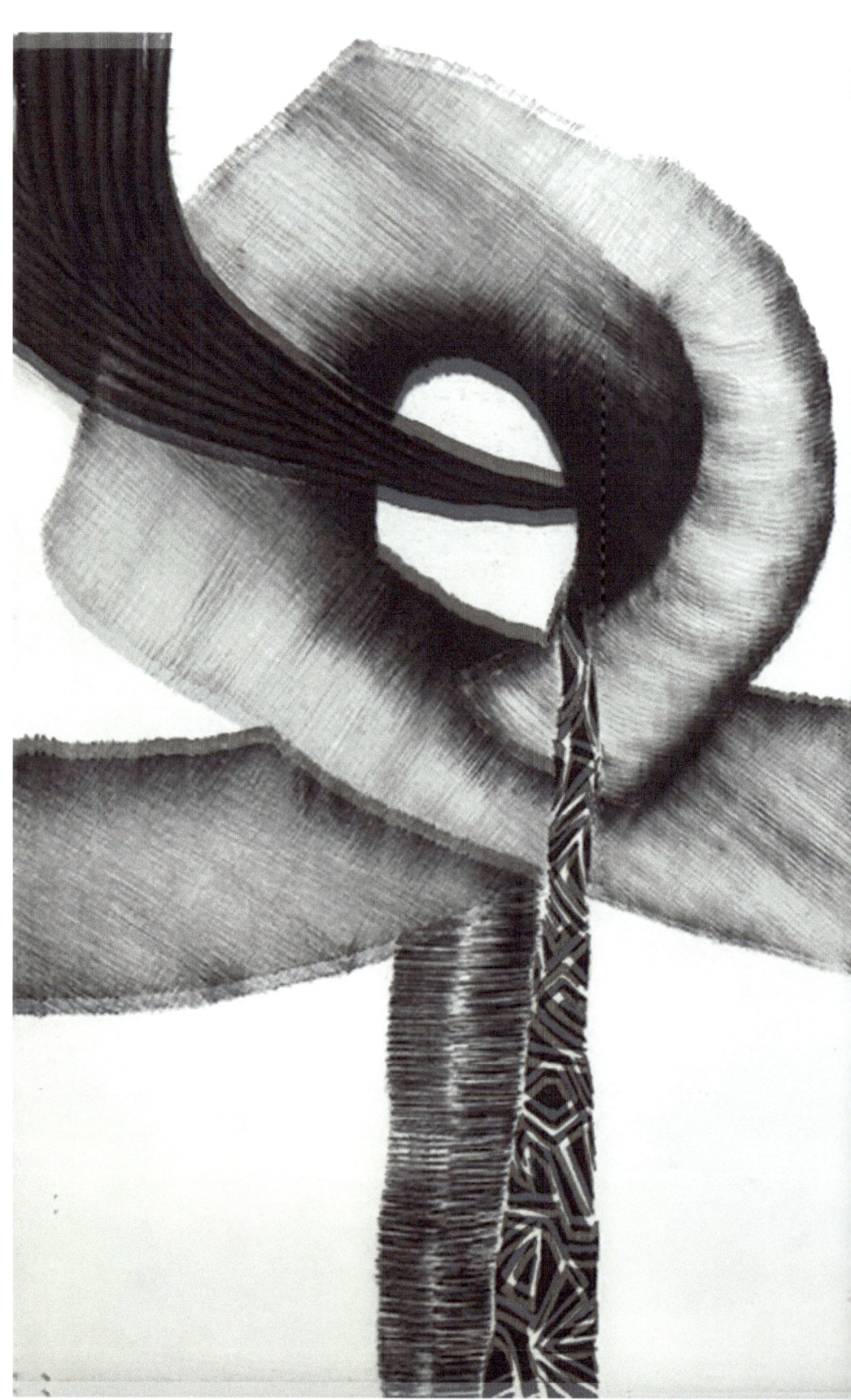

• Projeto Impresso •
• Projeto Impresso •

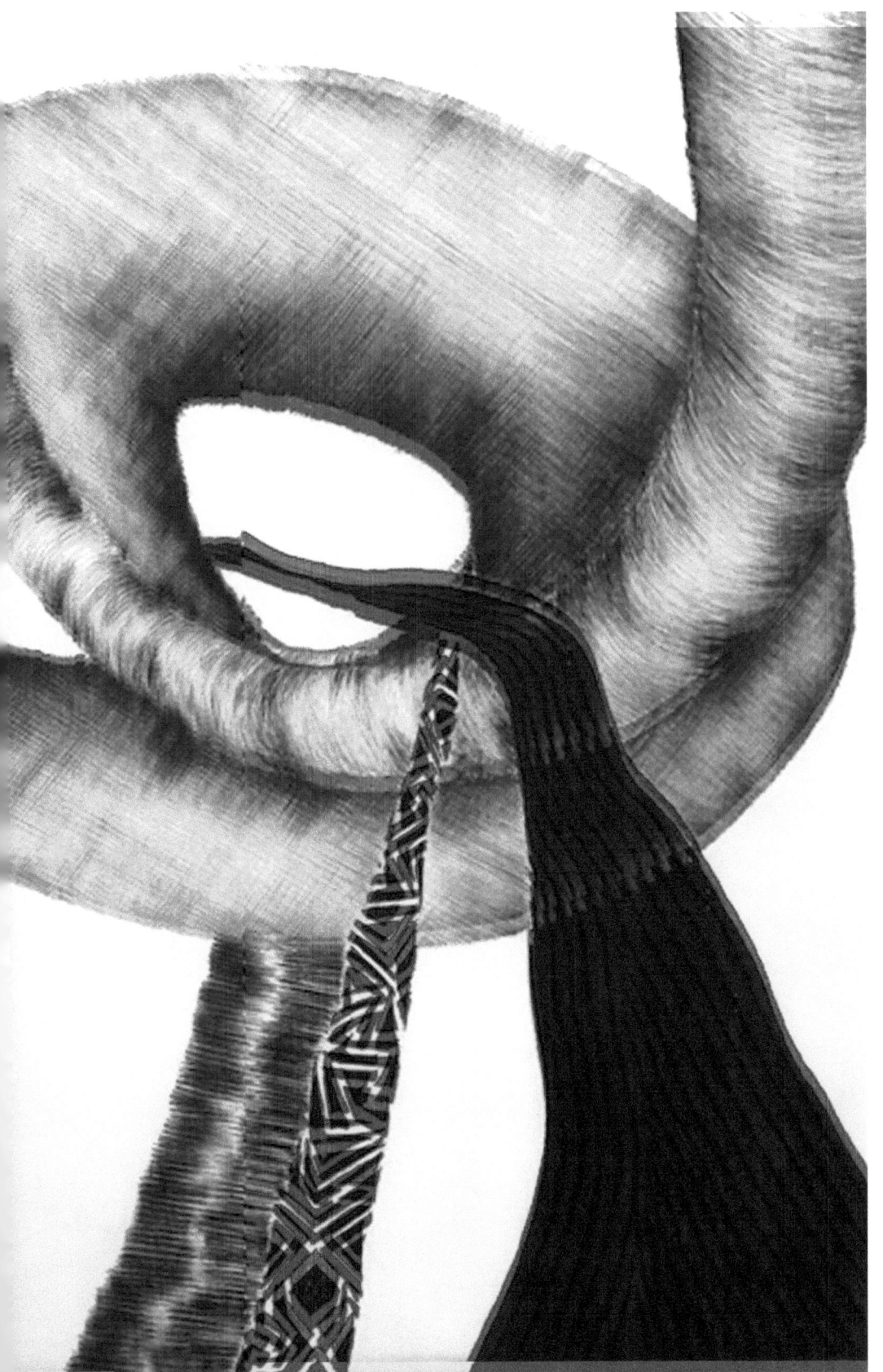

Conheço minha amiga Guillaine Querrien há muitos anos, desde que éramos jovens artistas. Transitava amiúde entre Rio e Paris, construindo carreira internacional, e eu por aqui, admirando suas idas e vindas. Sempre gostei muito do seu trabalho onde paisagens, formas da natureza e até figuras humanas se confundem num quase abstracionismo. Seu apuro técnico e sua maestria, tanto com o pincel quanto na gravura, são notáveis. Com muito prazer convidei essa artista ímpar para fazer parte desse número de "Gravura em Revista".

Claudio Roberto Castilho

Passage
Gravura sobre cobre
Engraving on copper
2x (15x10cm);
2001.

Guillaine Querrien

•*Projeto Impresso*•

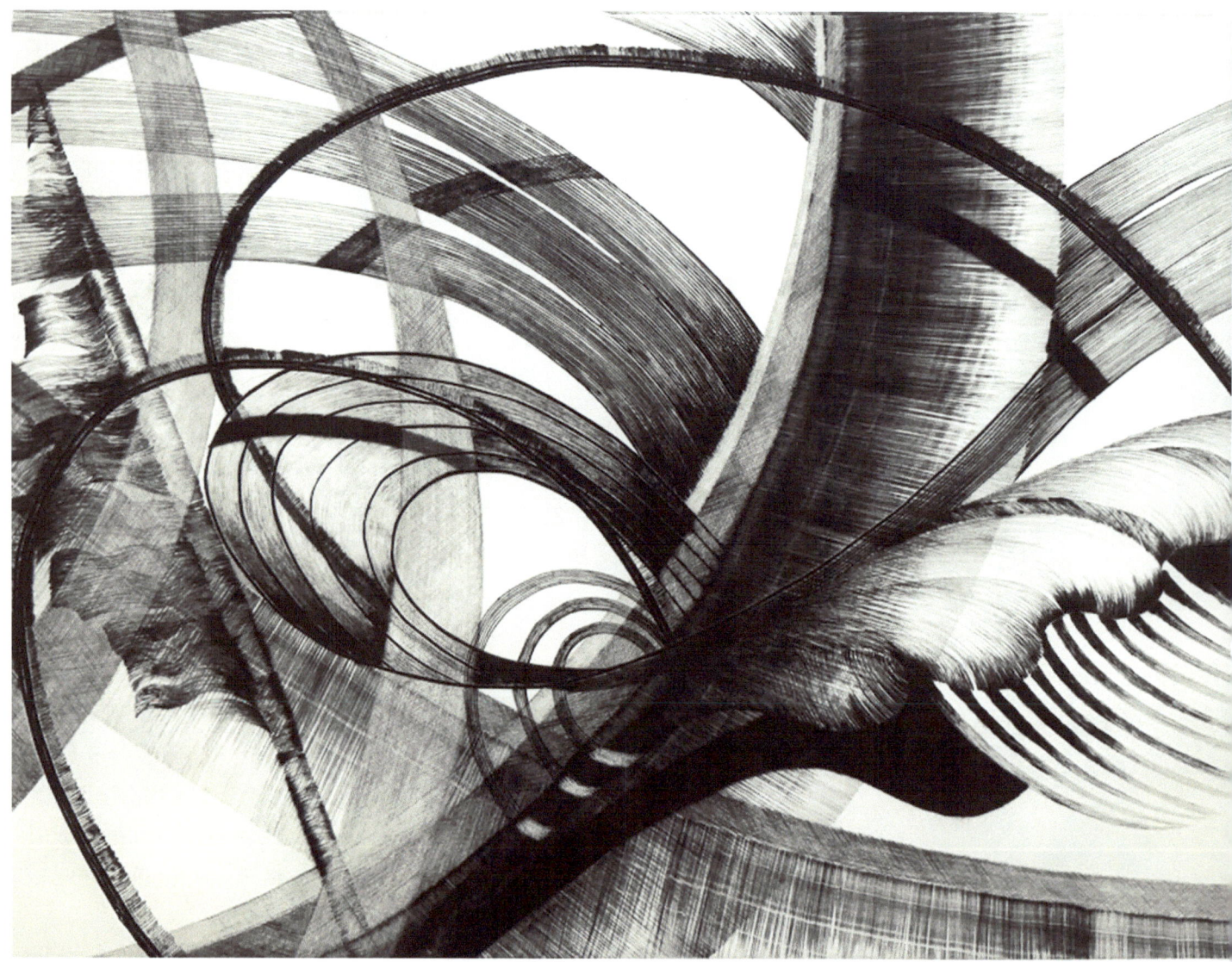

From notebooks of landscape drawings, with which I have great intimacy, I trace on copper or linoleum sheet music full of rhythm, lights, shadows, trying to find all the movements of the sea, the wind, the tides that make nature vibrant.

The materials used are of great importance - glued sand, the burned linoleum, the "roulette" that leaves more imprecise lines - inviting me to enter a new unknown landscape.

The sign is engraved, then the impression is always a surprise. It is the moment of discovering the image that transports me to my childhood.

Envol
Gravura sobre cobre
Engravng on copper
23x30cm,
2012

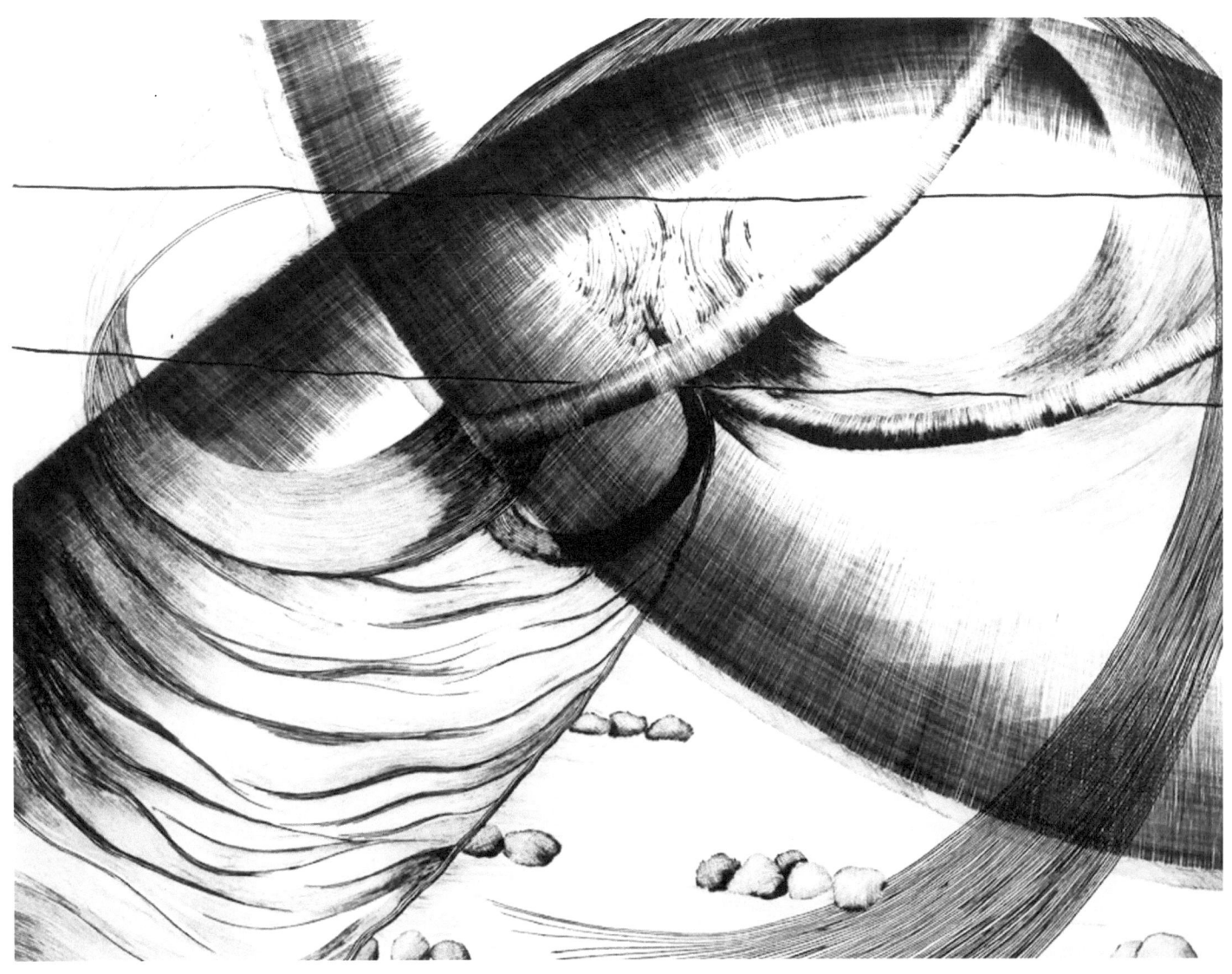

A partir de cadernos de desenhos de paisagens, com os quais tenho uma grande intimidade, traço no cobre ou no linóleo partituras repletas de ritmo, luzes, sombras, tentando reencontrar todos os movimentos do mar, do vento, das marés que deixam essa natureza tão vibrante.

Os materiais usados tem uma grande importância - a areia colada, a queimadura do linóleo, o "roulette" que deixa traços mais imprecisos - me convidando a entrar numa nova paisagem desconhecida.

A placa está gravada, depois vem a impressão que é sempre uma pequena surpresa. É o momento da descoberta da imagem que me transporta à infância.

La force des Marées,
Gravura sobre cobre
Engravng on copper
25x30cm,
2012

Guillaine Querrien

Projeto Impresso

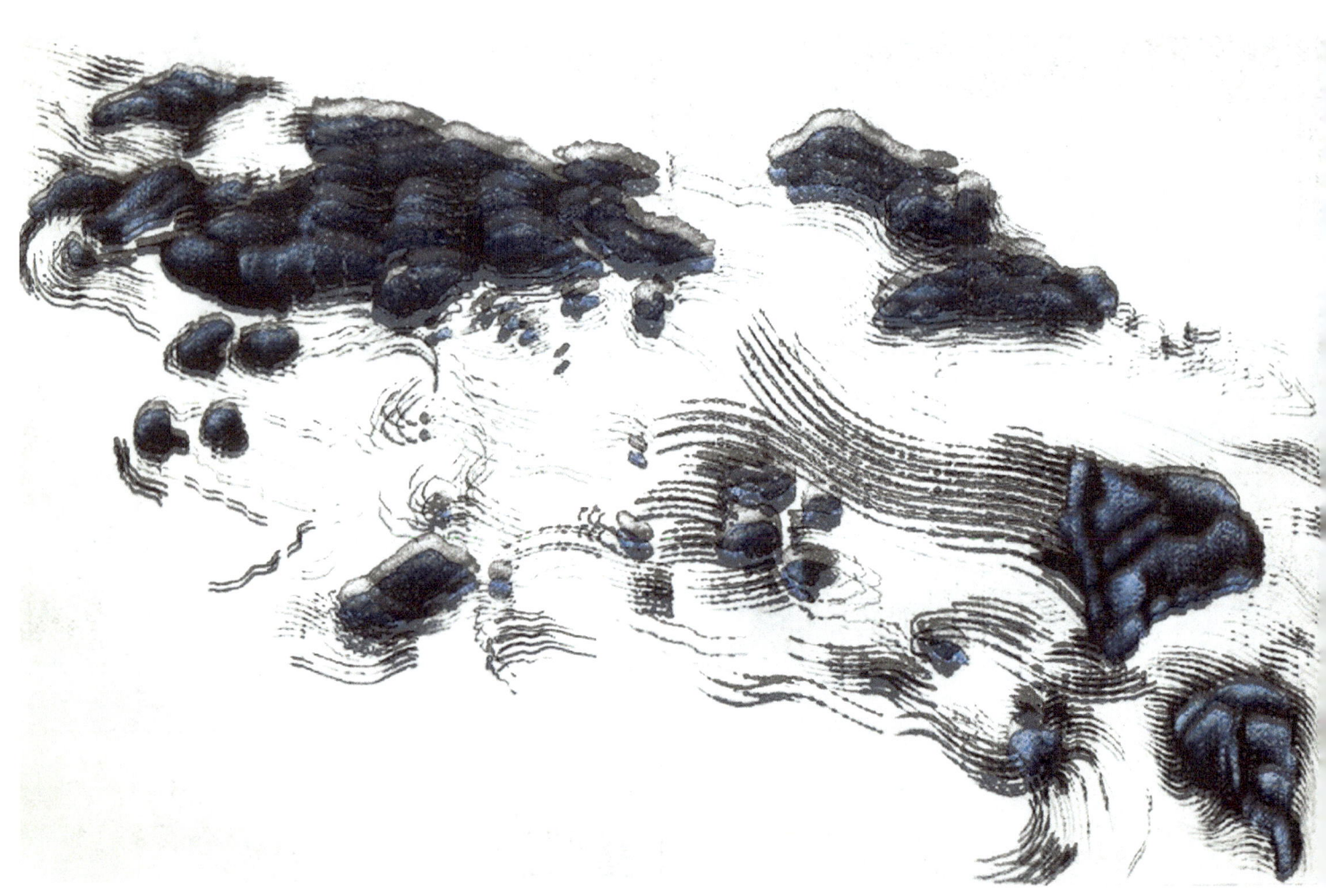

Cours d'eau
Linóleo
Linoleum
40x65cm;
2017

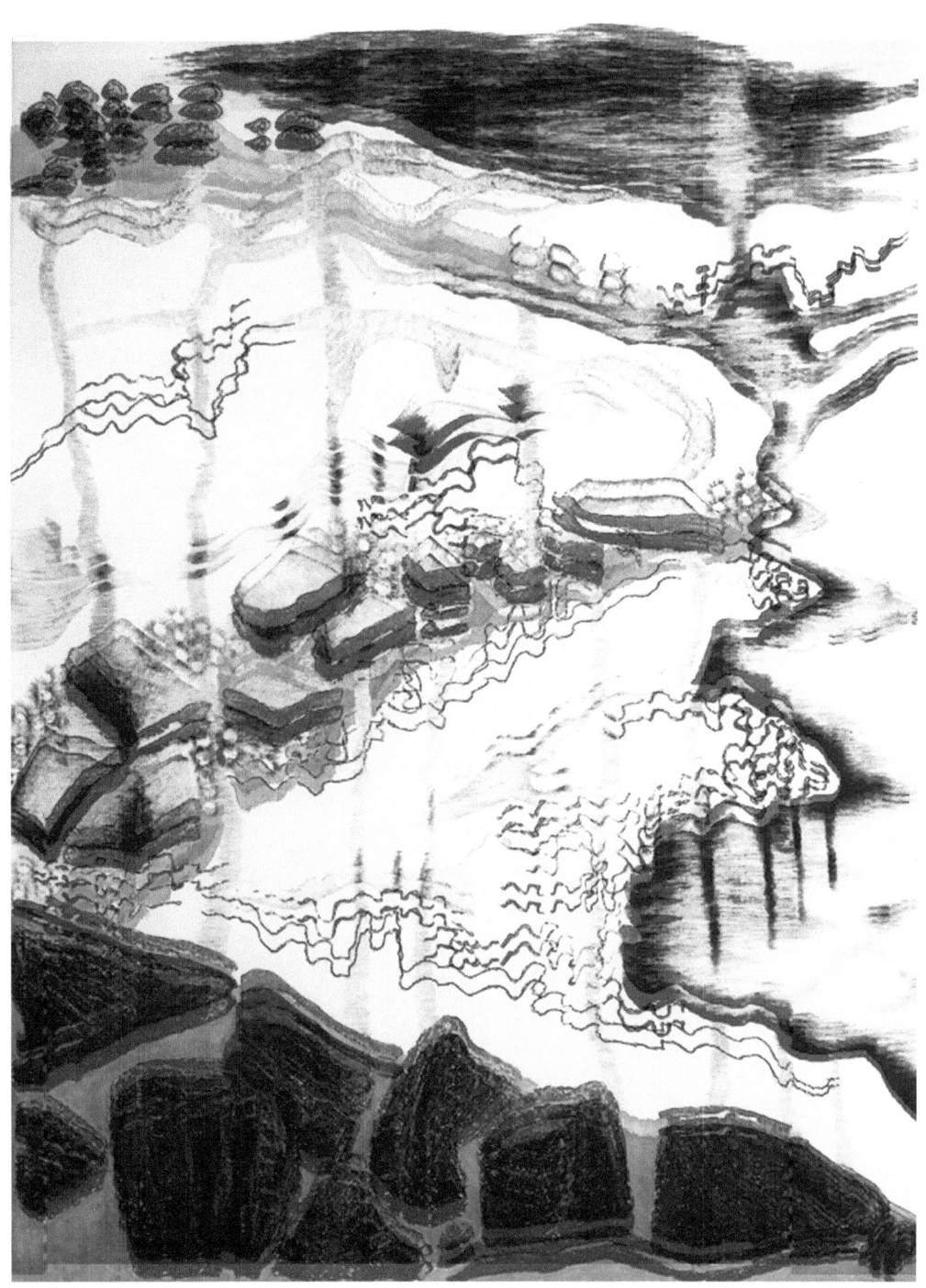

Le Vorlen, Bréhat
Linóleo / Linoleum
47×56cm, 2020

Guillaine Querrien

•*Projeto Impresso*•

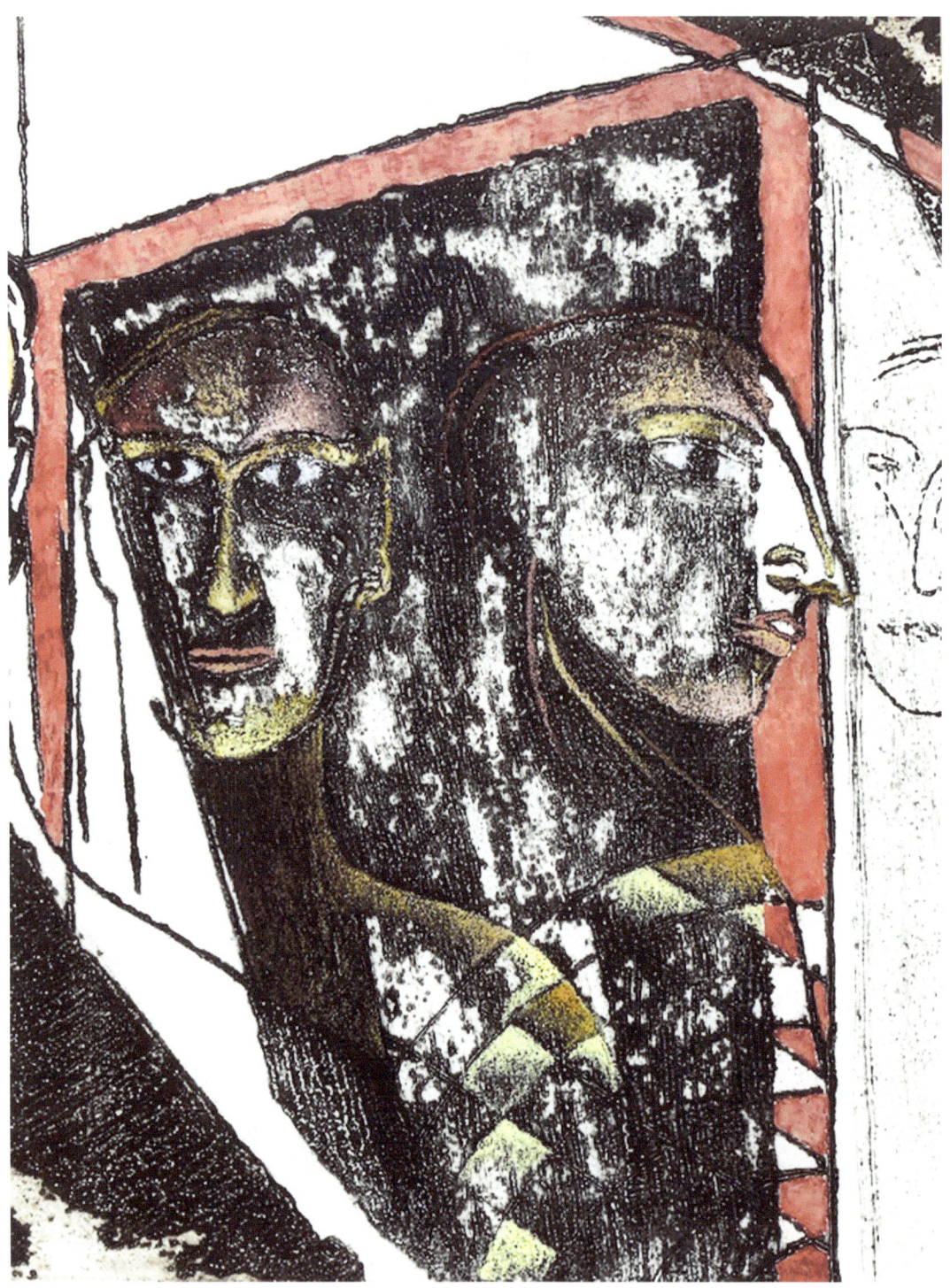

*Porte Rouge,
Linóleo
Linoleum
53x40cm,
2019*

Projeto Impresso

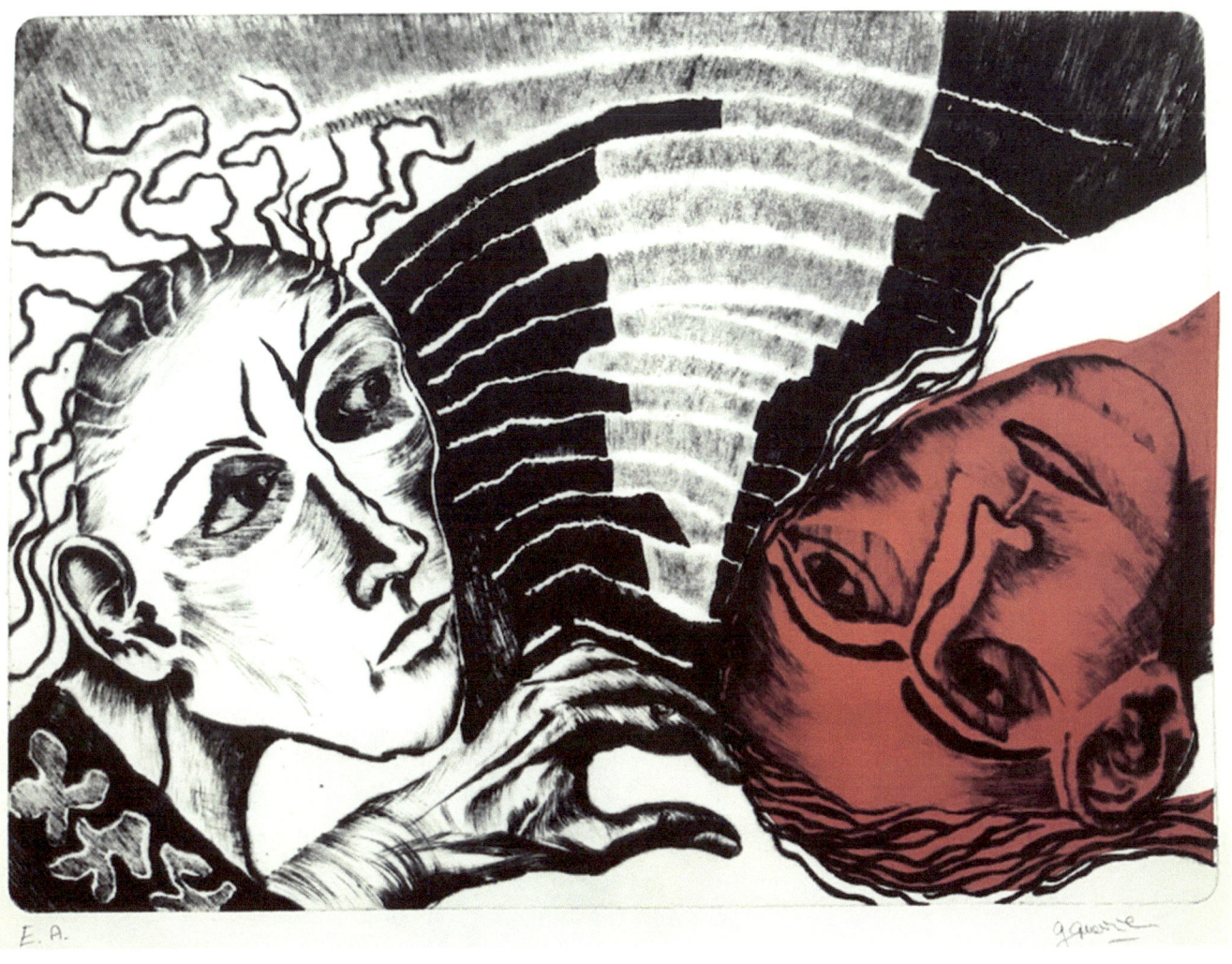

Soumission
Linóleo
Linoleum
30x40cm,
2017

29

Claudio Roberto Castilho

Projeto Impresso

Inspired by the Buddhist flags, this work was done with Asian paper, handmade or recycled by me. I use the two dies countless times, with no runs, always inking with the roller, and printing in various colors.
I pursue the lightness and transparency of roles and transcendence.

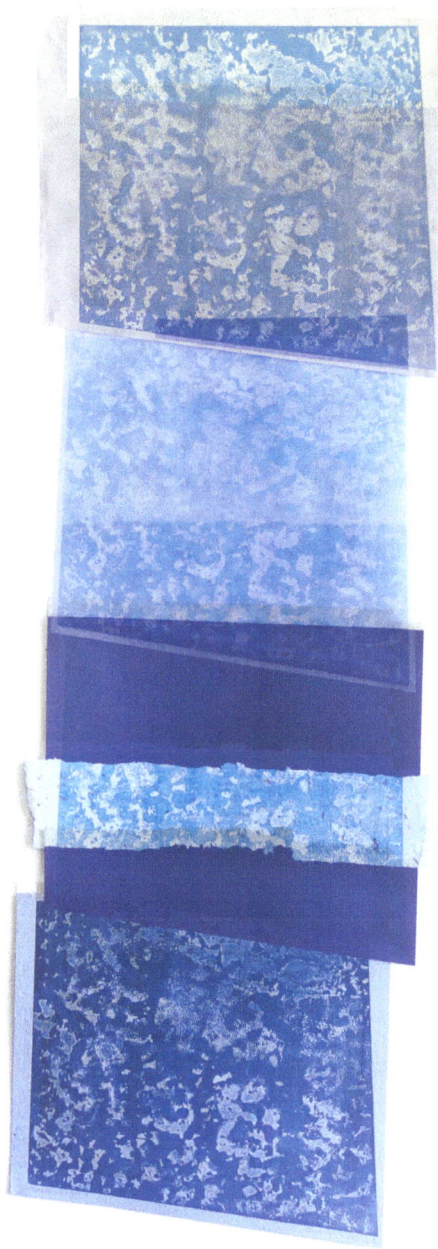

Gravura em metal sobre papéis artesanais recortados, decupados e recolados
Etching on handmade paper cut, decoupled and recollected
Dimenesões média de 70x 100cm

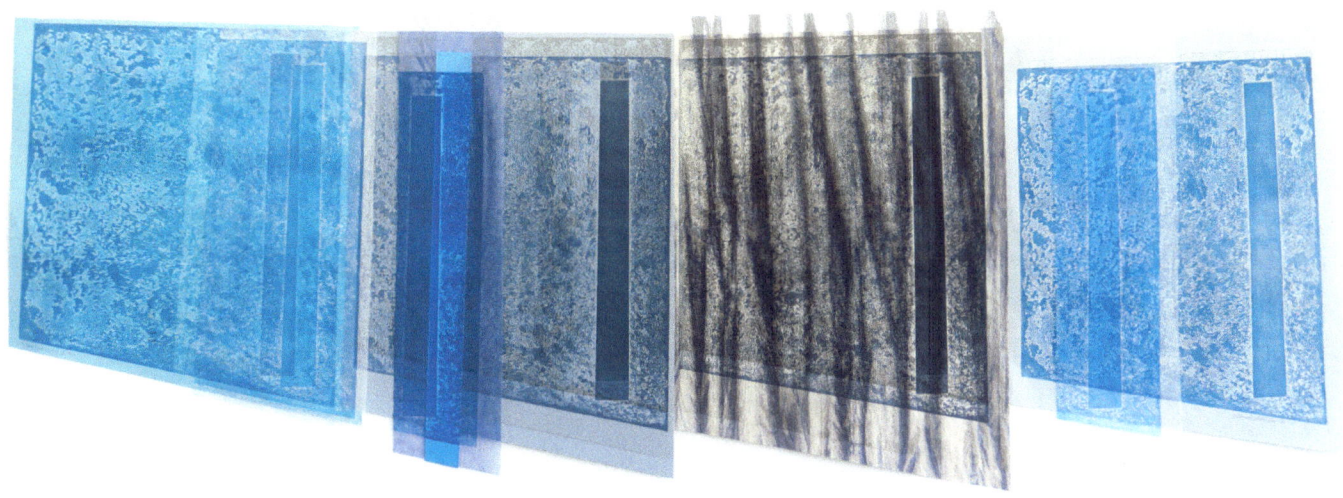

Inspirado nas bandeiras budistas, este trabalho foi feito com papéis asiáticos artesanais ou reciclados por mim.
Utilizo as duas matrizes inúmeras vezes, sem tiragens, sempre entintando com o rolo, e imprimindo em várias cores.
Persigo a leveza e a transparência dos papéis e da transcendência.

Gravura em metal sobre papéis artesanais recortados, decupados e ecolados.
Etching on handmade paper cut, decoupled and recollected
Dimenesões média de 70x 100cm

Claudio Roberto Castilho

Projeto Impresso

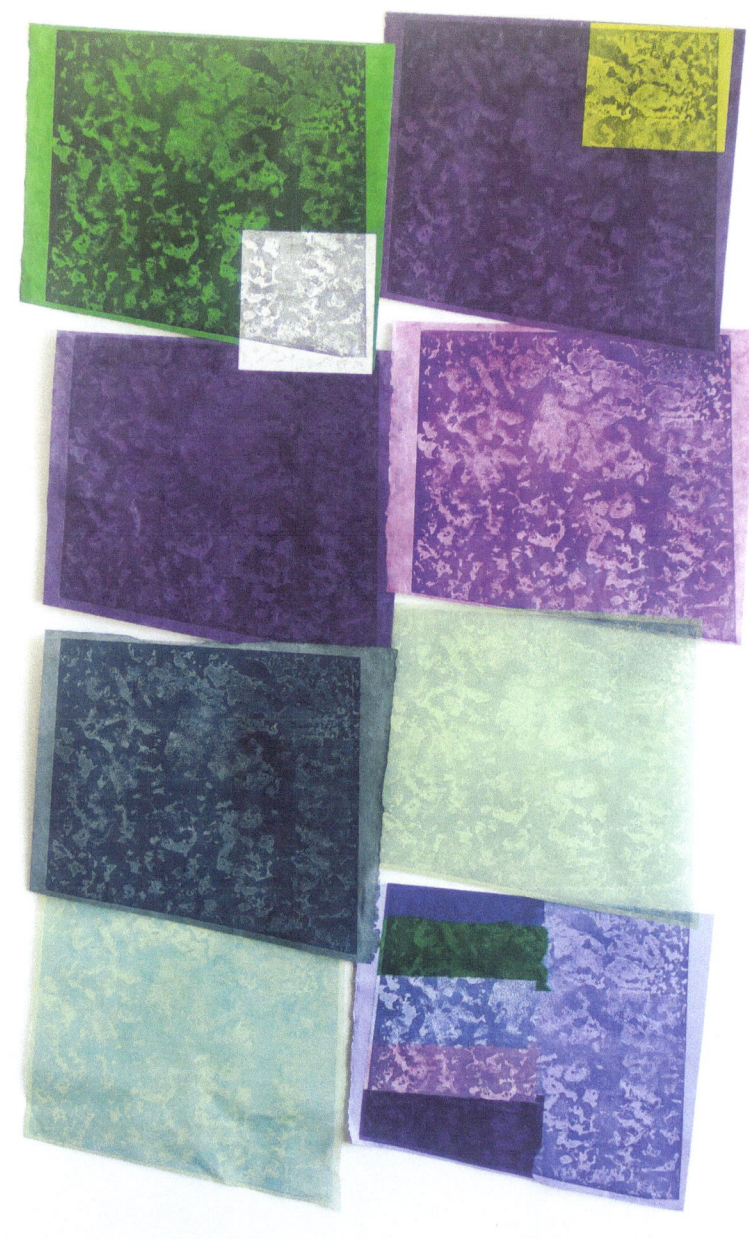

Gravura em metal sobre papéis artesanais recortados, decupados e recolados.
Etching on handmade paper cut, decoupled and recollected
Dimenesões média de 70x 100cm

•*Projeto Impresso*•

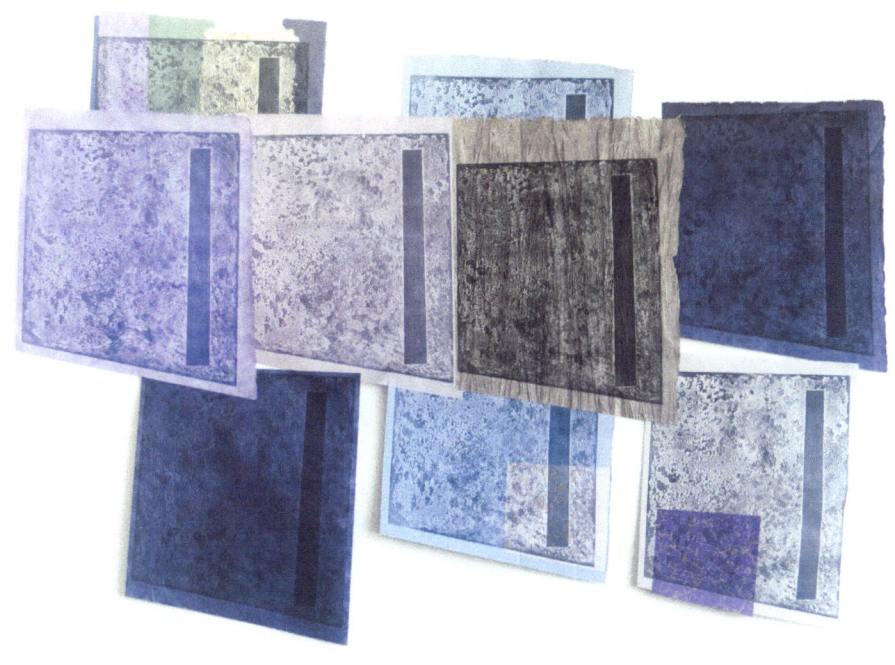

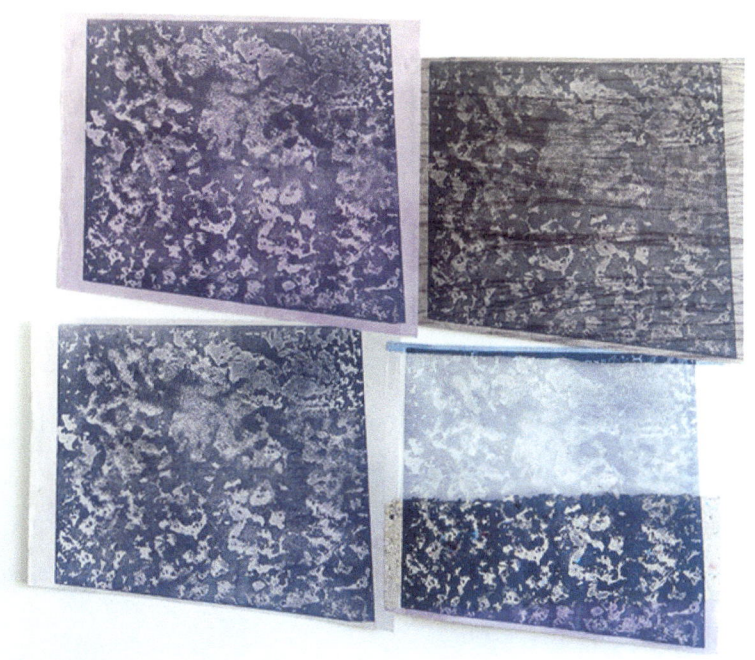

Gravura em metal sobre papéis artesanais recortados, decupados e recolados.
Etching on handmade paper cut, decoupled and recollected
Dimenesões média de 70x 100cm

Claudio Roberto Castilho

Projeto Impresso

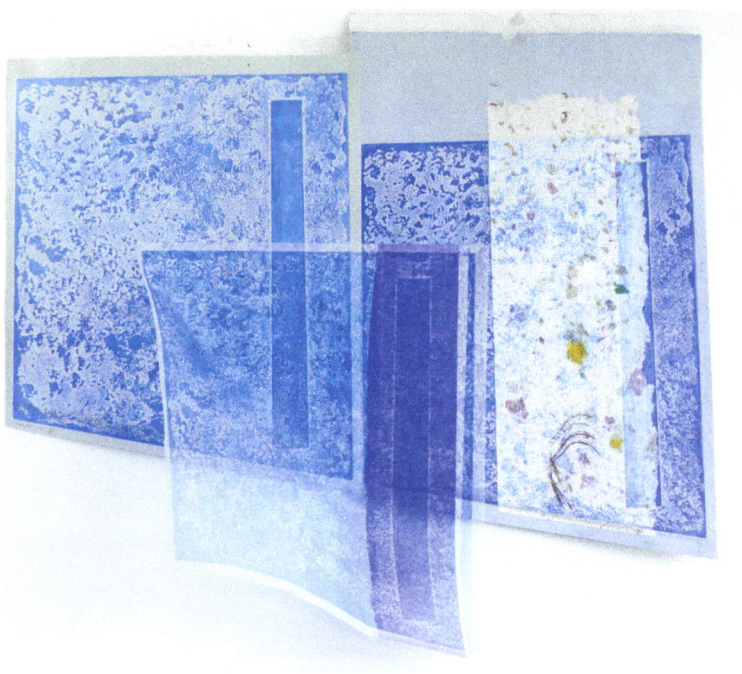

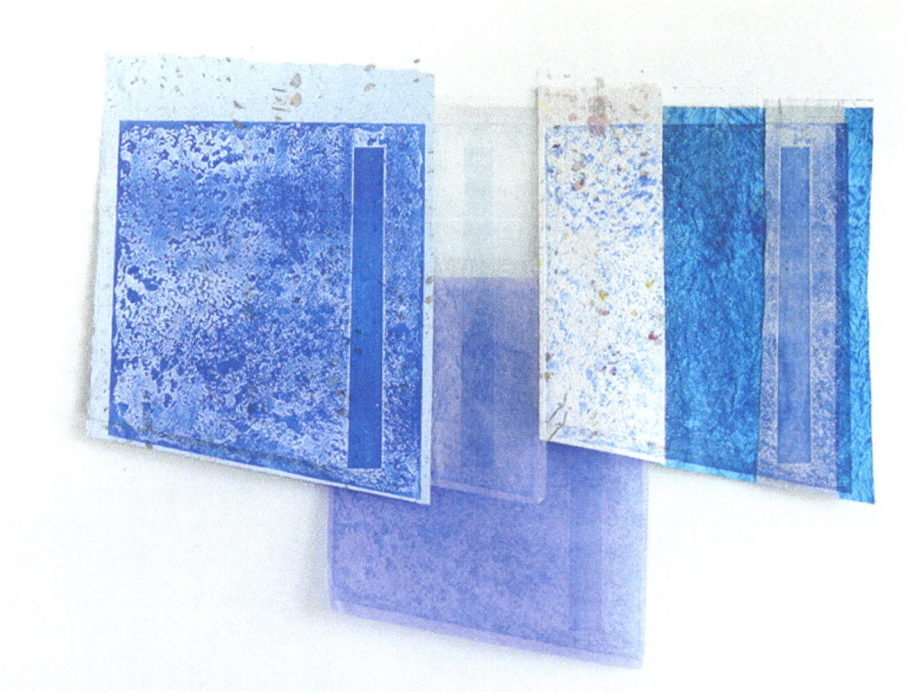

Gravura em metal sobre papéis artesanais recortados, decupados e recolados.
Etching on handmade paper cut, decoupled and recollected
Dimenesões média de 70x 100cm

• Projeto Impresso •
• Projeto Impresso •

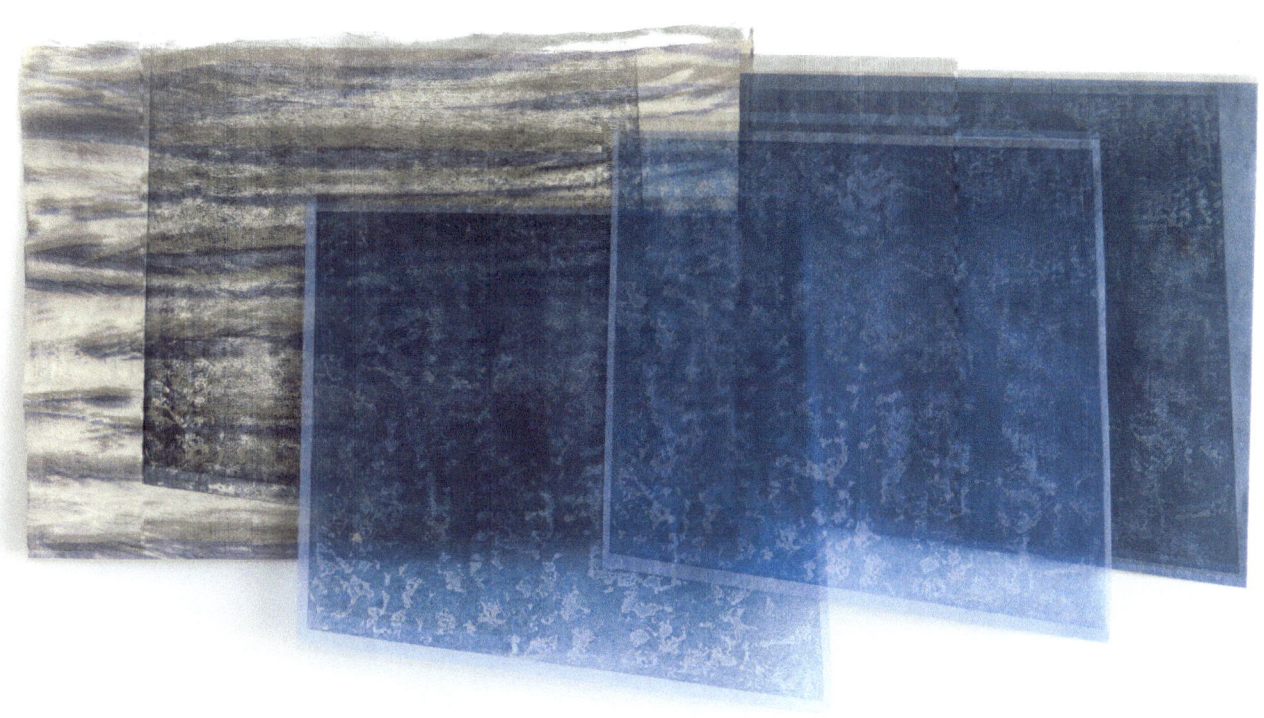

Gravura em metal sobre papéis artesanais recortados, decupados e recolados.
Etching on handmade paper cut, decoupled and recollected
Dimenesões média de 70x 100cm

Claudio Roberto Castilho

Projeto Impresso

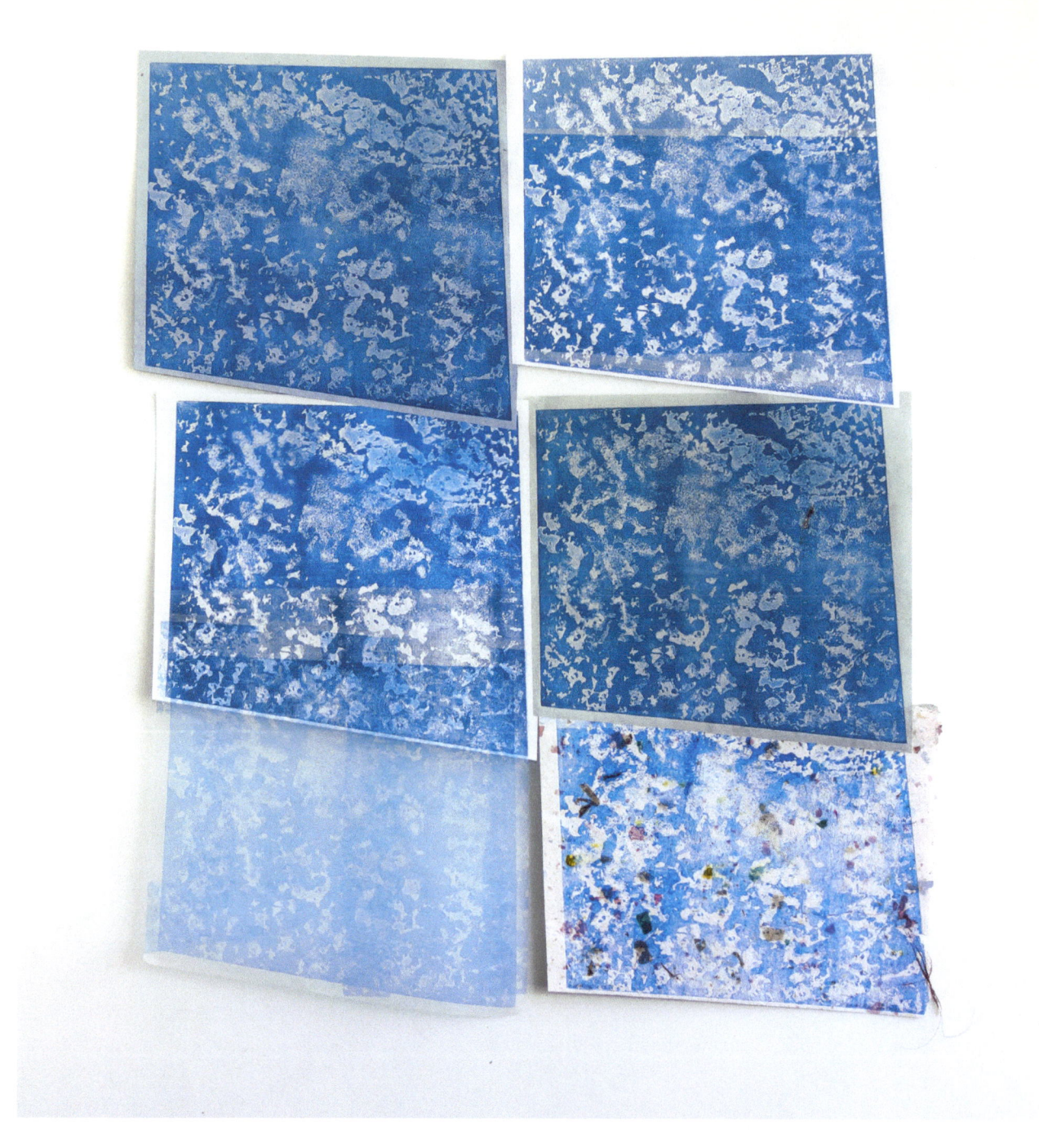

Gravura em metal sobre papéis artesanais recortados, decupados e recolados.
Etching on handmade paper cut, decoupled and recollected
Dimenesões média de 70x 100cm

•*Projeto Impresso*•

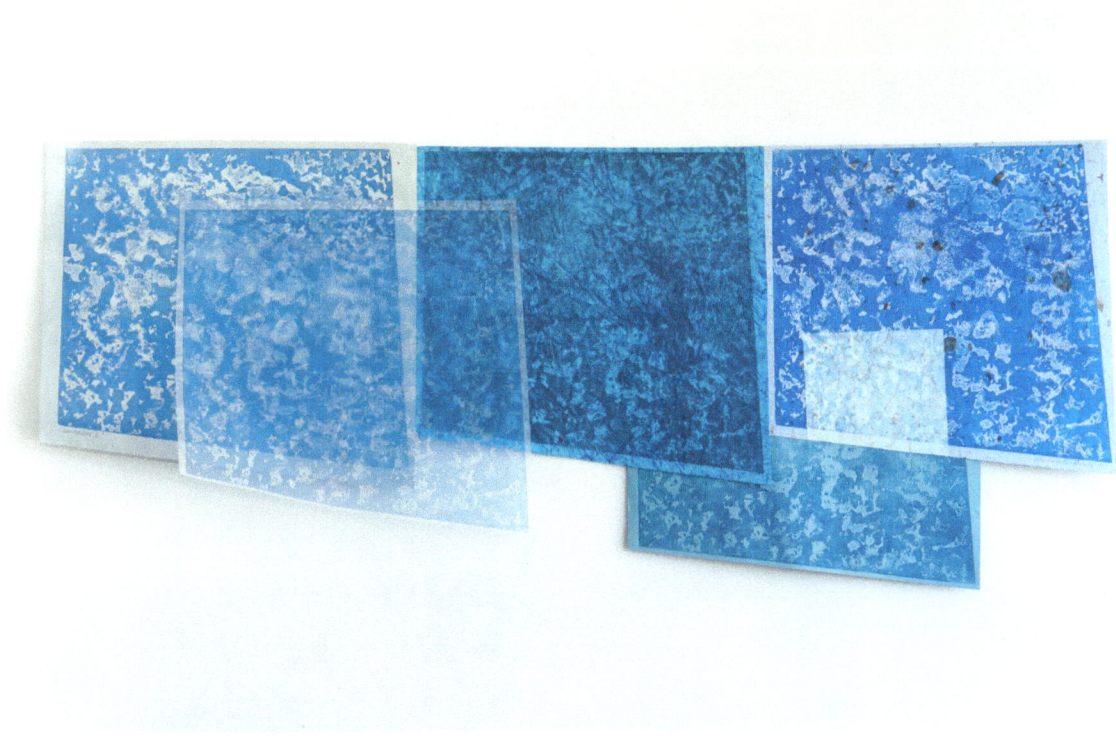

Gravura em metal sobre papéis artesanais recortados, decupados e recolados.
Etching on handmade paper cut, decoupled and recollected
Dimenesões média de 70x 100cm

Edson Silveira

To share this space with me, I've invited Edson Silveira, visual artist, engraver, and performer. I was introduced to his work through the video I identified with his multiplicity of expression.

Cynthia Dreyer

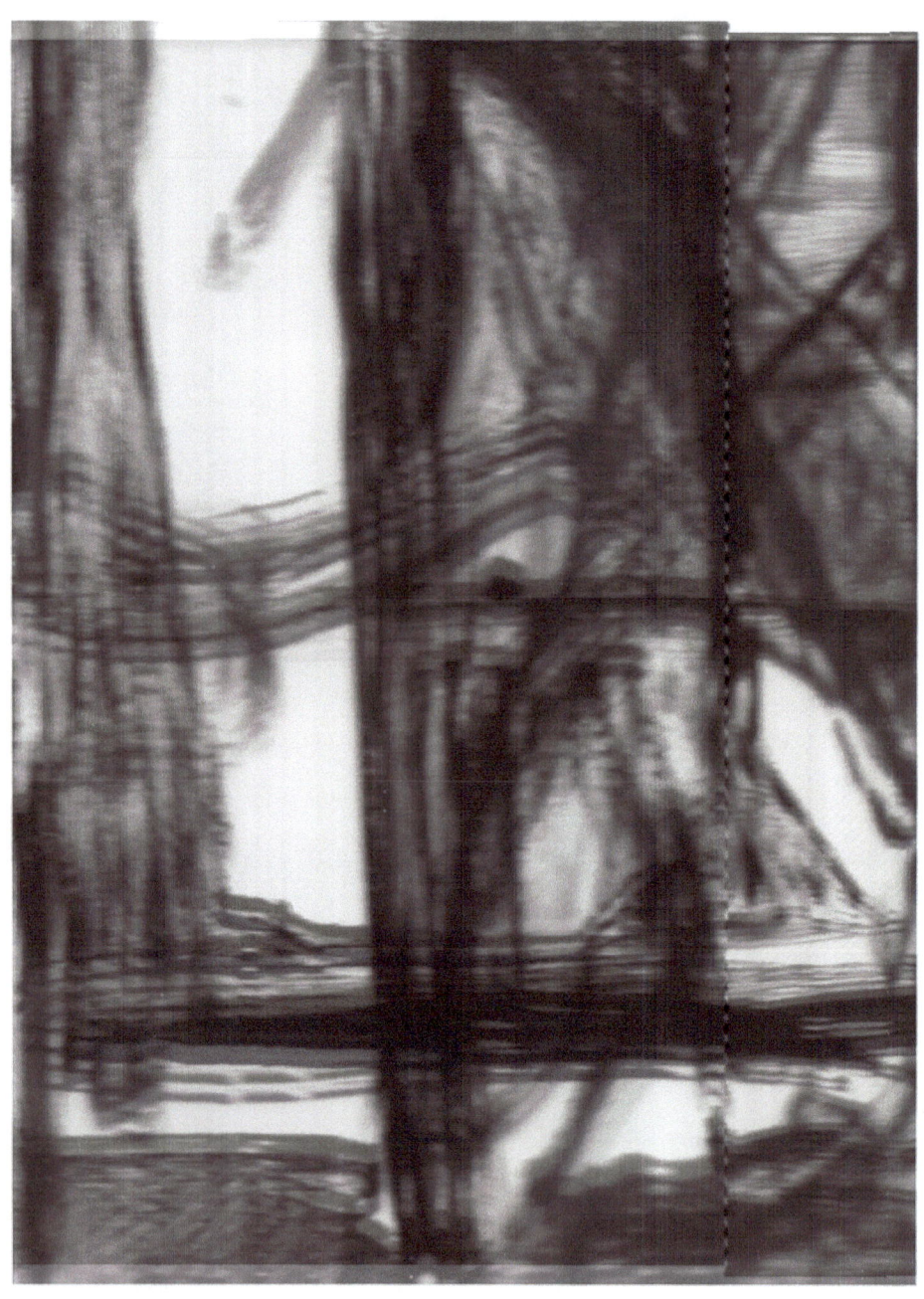

Série Multiplos Fragments
Multiple Fragments Series
33 x 22 cm
2012

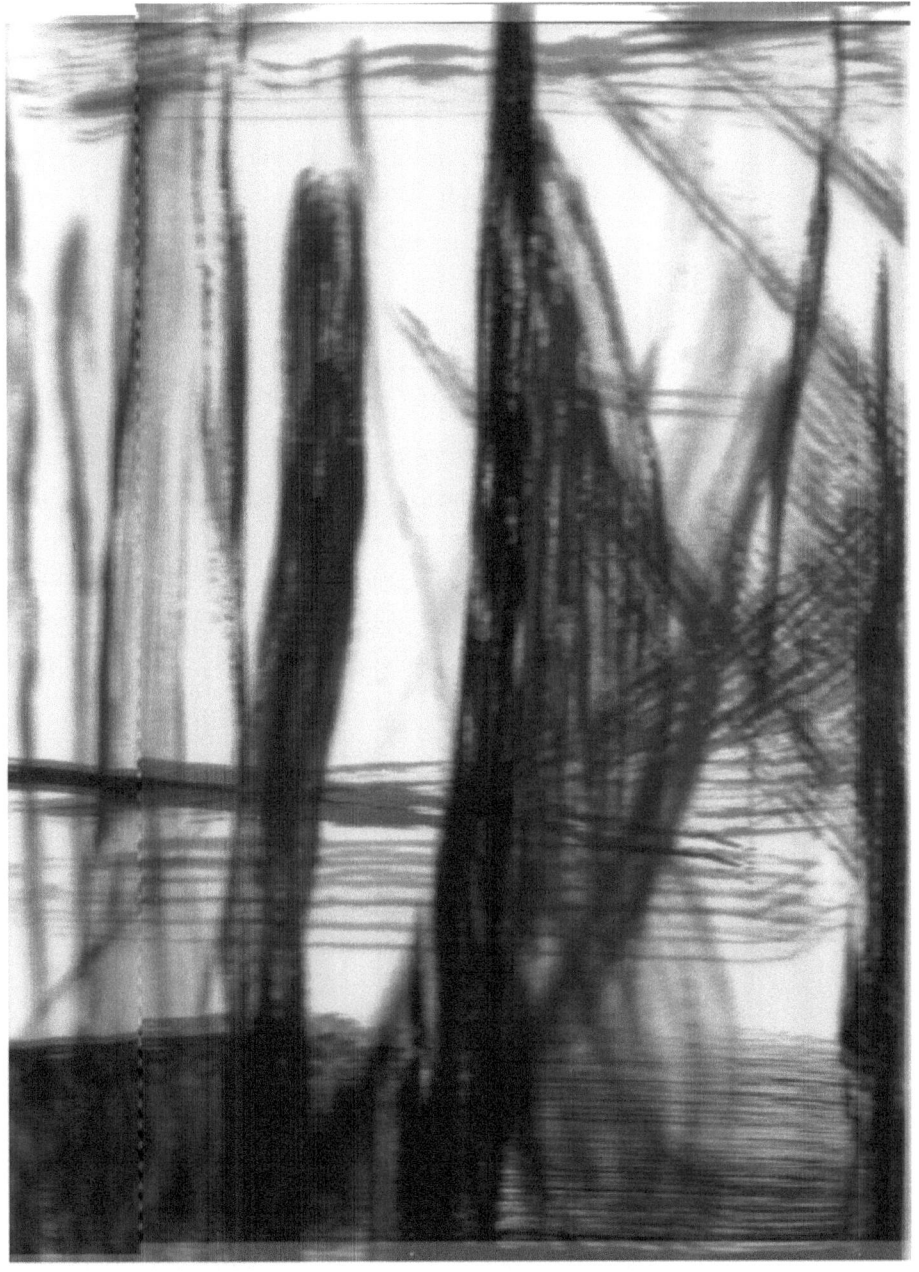

Série Múltiplos Fragmentos
Multiple Fragments Series
33 x 22 cm
2012

Para dividir comigo este espaço, Convido Edson Silveira, artista plástico, gravador e performista. Fui apresentada ao seu trabalho e através de vídeos me identifiquei com sua forma múltipla de se expressar.

Cynthia Dreyer

Edson Silveira

•*Projeto Impresso*•

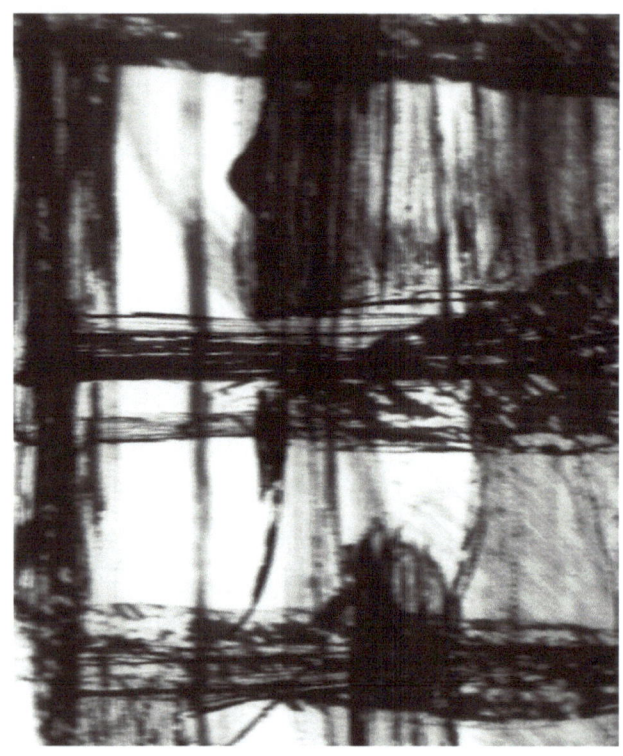

Série Multiplos Fragments
Multiple Fragments Series
33 x 22 cm
2012

I dedicate myself to the exercise of creative freedom, experimenting with technical possibilities on different materialities.

One of the processes narrates my experiments through observation on a shell, from which I abstract existing compositions.

At the beginning of this process, the drawings observed on the shell give rise to compositions, which are enlarged in A3 format, using the oil pastel technique. Then, these drawings are photographed and the images are fragmented into 1 cm x 1 cm compositions, at random. These compositions give rise to a repertoire of images for future studies and, once enlarged, they may again undergo the process of fragmentation.

In my investigation, the dialogue between the different techniques is constant. When printing on hardened paper, I create monotypes from the linoleum matrix, which can undergo painting and drawing interventions. The matrix sometimes presents itself as the final result, without necessarily fulfilling its characteristic of serial reproduction.

The 2012 Multiple Fragments Series presents each acrylic display with six and seven acetate sheets. Each display allows multiple compositions. The observer can manipulate the blades by changing their positions and order.

Nowadays, time knocks on the door of my conscience and I reflect on my doing in my space, in the face of this new moment. I cannot stop talking about the pandemic, because it is what affects me the most and, certainly, it is a driver of my being in the world, charged with a feeling of indignation that, in a way, dialogues with my actions and my thinking.

As an artist, my work says a lot about what surrounds me, and that at that moment appears as yet another opportunity to dwell on the craft and experience new aromas, textures, tones, and transformations of the material in search of form.

Today, in the space metaphor, I have the necessary time and distance to reflect on my production.

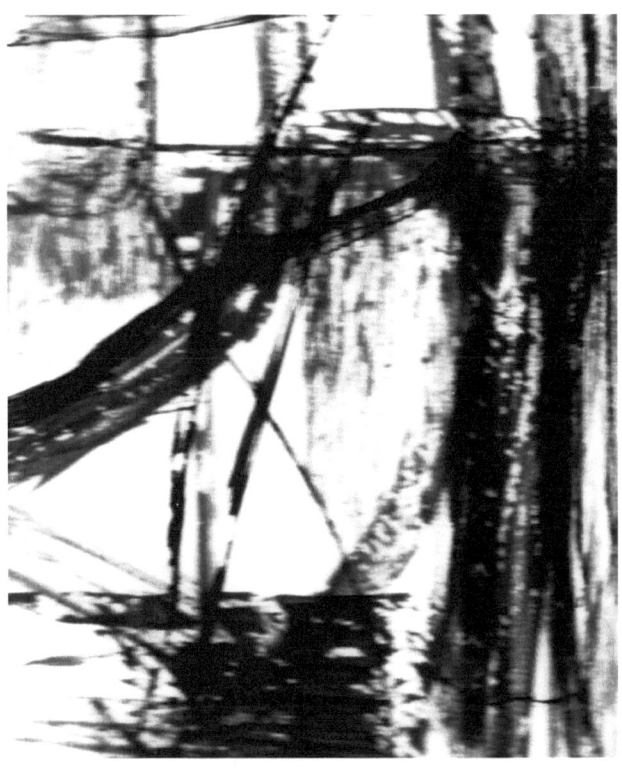

Série Múltiplos Fragmentos
Multiple Fragments Series
33 x 22 cm
2012

Dedico-me ao exercício da liberdade criativa, experimentando possibilidades técnicas sobre diferentes materialidades.

Um dos processos narra minhas experimentações através da observação sobre uma concha, de onde abstraio composições já existentes.

No início desse processo, os desenhos observados na concha dão origem a composições, que são ampliadas em formato A3, através da técnica de pastel oleoso. Em seguida, esses desenhos são fotografados e as imagens fragmentadas em composições de 1cm x 1cm, de forma aleatória. Essas composições dão origem a um repertório de imagens para futuros estudos e uma vez ampliadas poderão passar novamente pelo processo de fragmentação.

Em minha investigação, o diálogo entre as diferentes técnicas é uma constante. Na impressão sobre papel com têmpera, crio monotipias a partir da matriz de linóleo, podendo estas passar por intervenções da pintura e do desenho. A matriz às vezes se apresenta como resultado final, sem necessariamente cumprir sua característica da reprodução em série.

A Série Múltiplos Fragmentos, de 2012 apresenta em cada display de acrílico de seis e sete lâminas de acetato. Cada display permite múltiplas composições. O observador pode manipular as lâminas alterando suas posições e ordem.

Nos dias atuais, o tempo bate à porta de minha consciência e reflito sobre o meu fazer em meu espaço, diante desse novo momento. Não posso deixar de falar da pandemia, pois é o que mais me afeta e, de certo, é um propulsor do meu estar no mundo, carregado de um sentimento de indignação que, de certa maneira, dialoga com o meu fazer e meu pensar.

Como artista, meu trabalho diz muito sobre o que me cerca, e que nesse momento aparece como mais uma oportunidade de me debruçar sobre o ofício e experimentar novos aromas, texturas, tons e transformações da matéria em busca da forma.

Hoje, na metáfora do espaço, tenho tempo e distanciamento necessário para reflexões sobre minha produção.

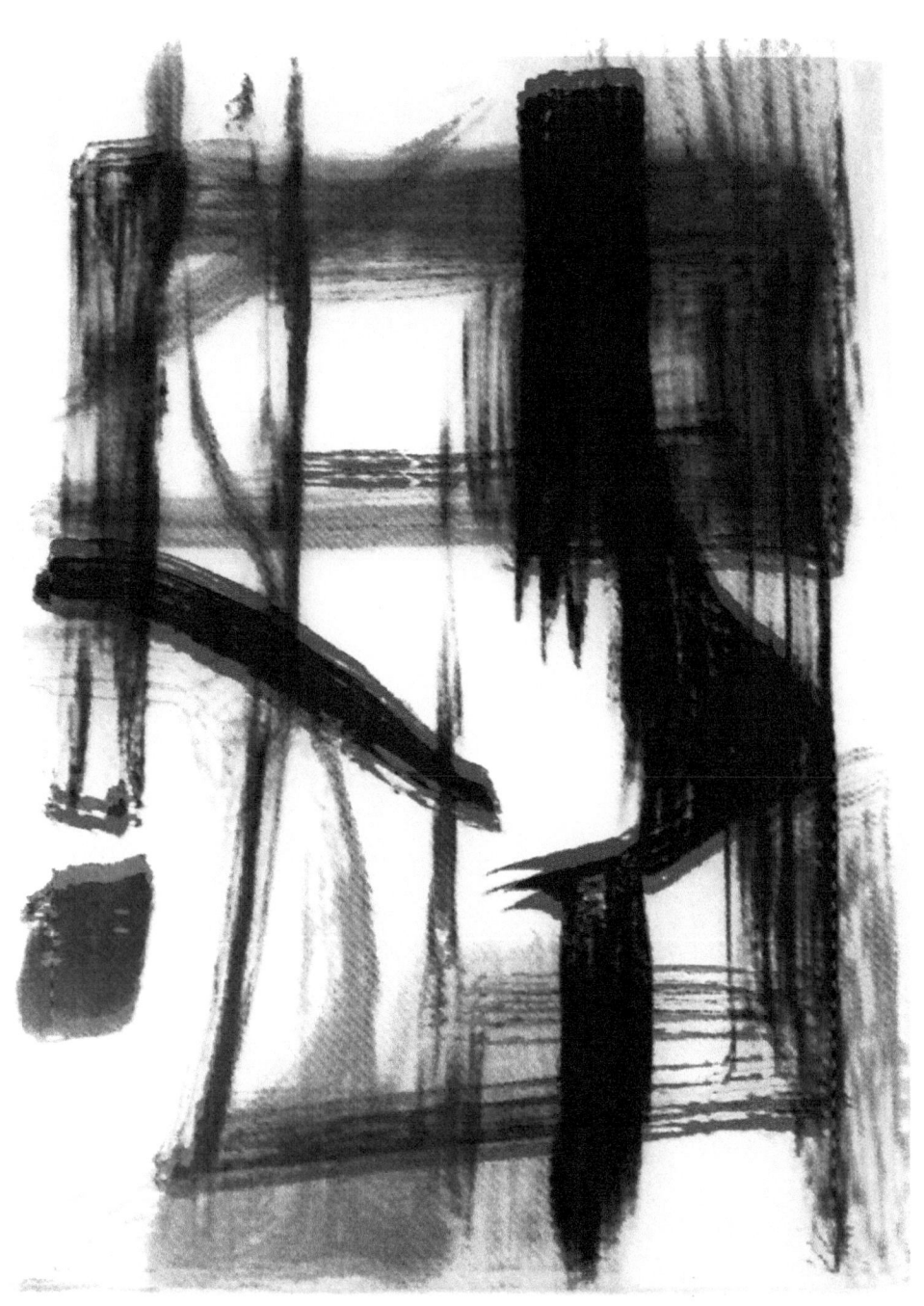

Série Múltiplos Fragmentos
Multiple Fragments Series
33 x 22 cm
2012

Edson Silveira

Projeto Impresso

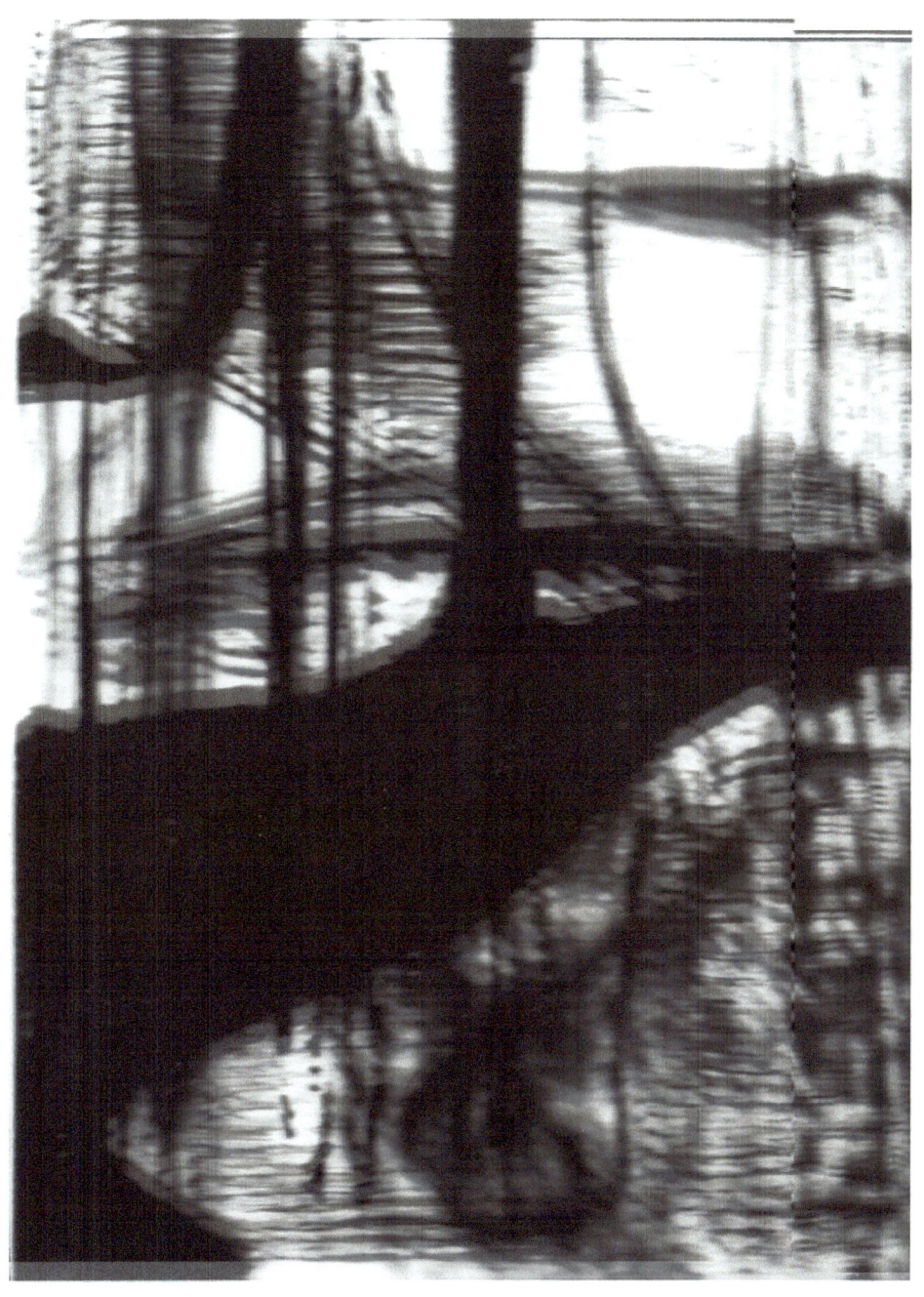

Série Multiplos Fragments
Multiple Fragments Series
33 x 22 cm
2012

Edson Silveira

•*Projeto Impresso*•

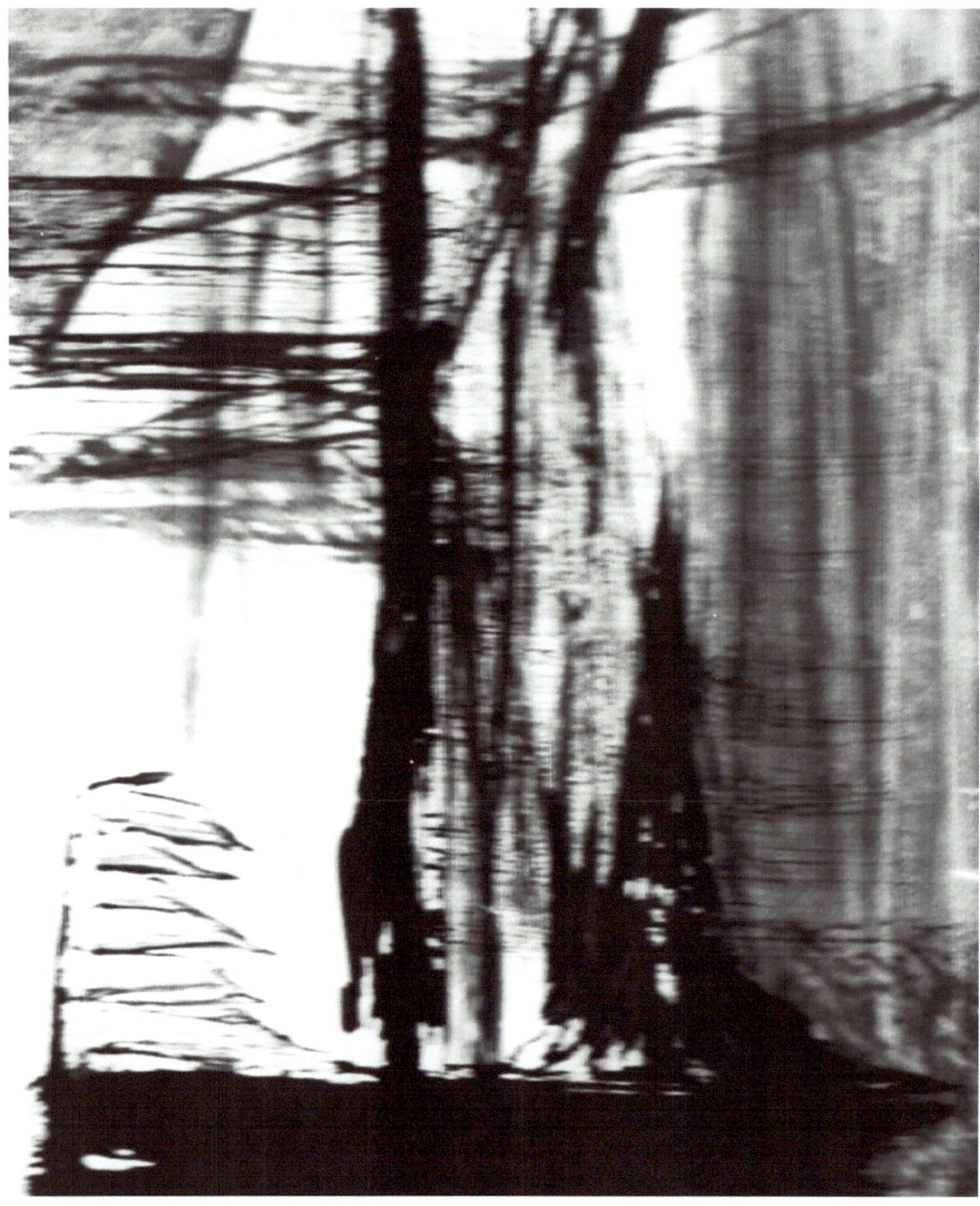

Série Multiplos Fragments
Multiple Fragments Series
33 x 22 cm
2012

•*Projeto Impresso*•

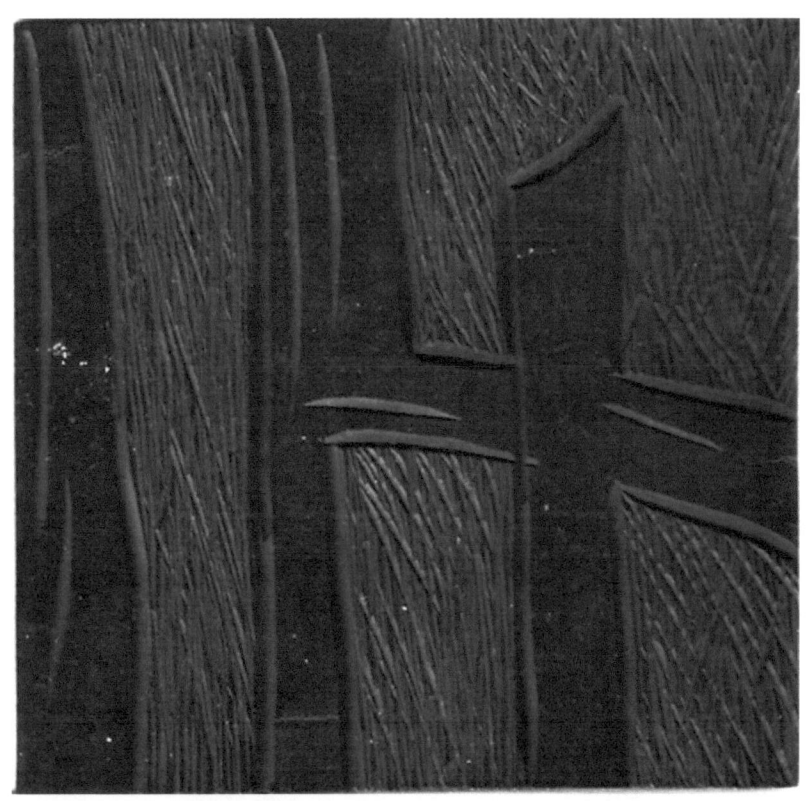

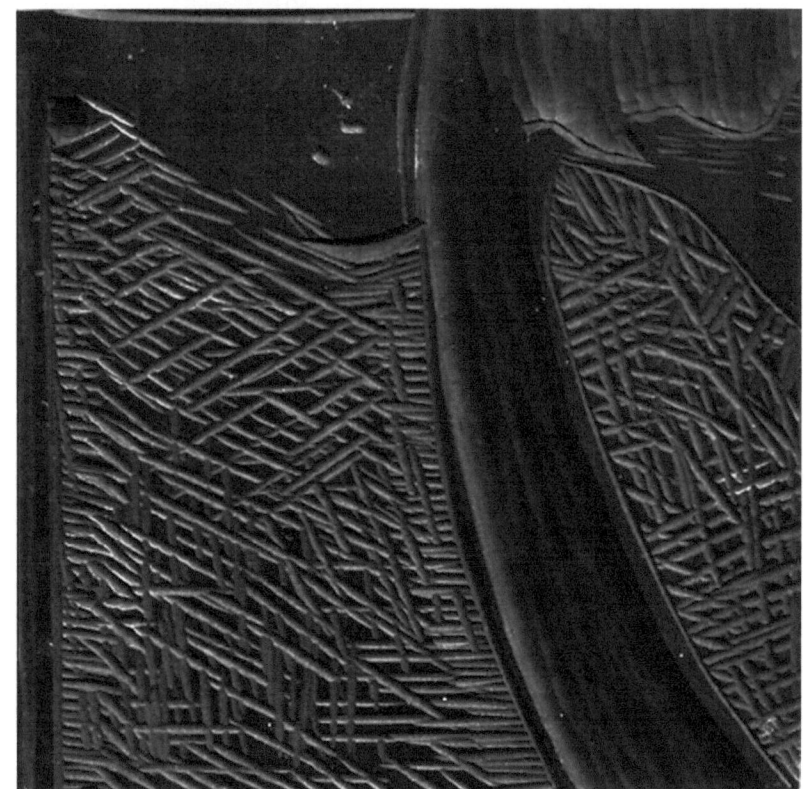

Matriz em linóleo
LinoleumMatrix
16cm x 16cm

Cynthia Dreyer

In my papers, the imperfections, the tears, the irregular edges are my prints. It is where the "imperfect" becomes unique, authentic. I use in the works that I develop matrices from everyday objects. I rescue these objects from their world and reuse them, inserting them in another context, that of art. I add other elements to the composition, pages of a book, wooden sheets, strips of fabric, which belonged to other origins. Woodcut printing occupies a part of this scenario of curves, voids, and masses. The fabric lines embroider lines and geometric shapes along a path. As in the mythological figures of Penelope, when weaving a blanket, I move to the events of my own existence; events woven by memories and memories, by "re-creating" and by reinventing. And Moiras, who were three women, responsible for making, weaving, and cutting what would be the cord of life for all individuals. One of them is "klothó" which in Greek means "to spin", to weave the thread of life. Not only in embroidery or sewing, as well as in the preparation of paper and in the construction of the work, by resignifying signs and codes, but I also create my new writing:

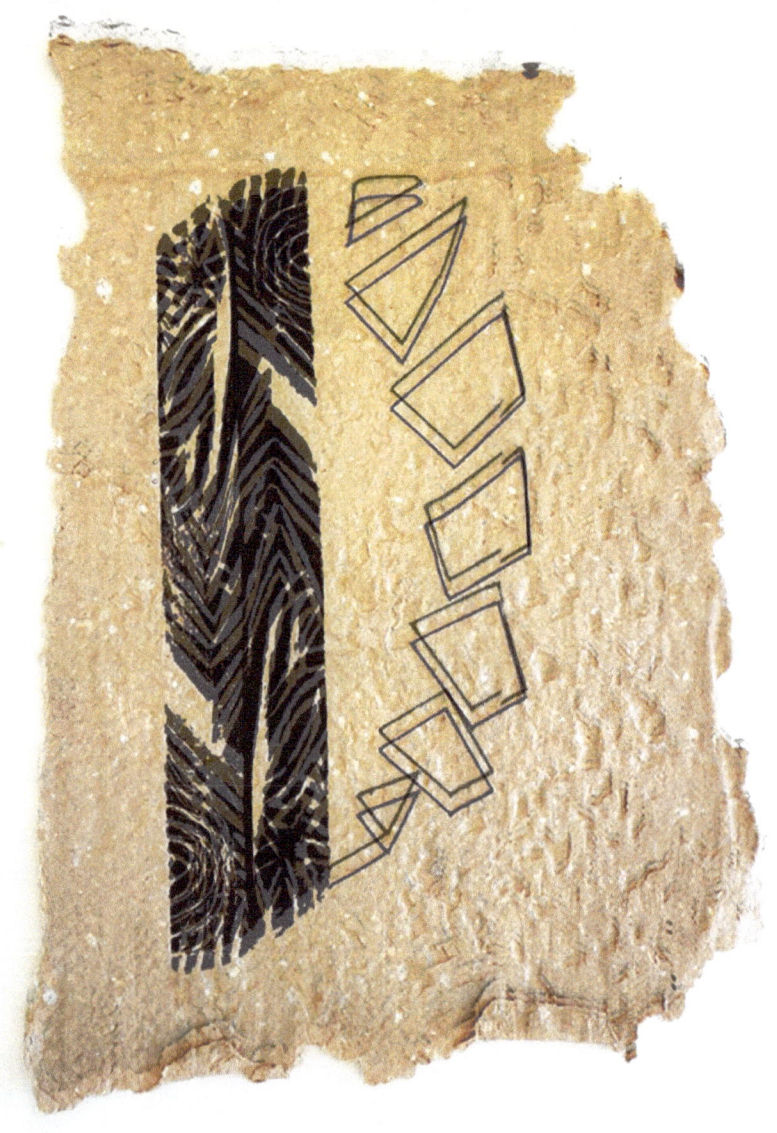

Klothó #5
Xilogravura, monotipia, bordado, papel manufaturado pela artista
Woodcut, monotype, embroidery on handmade paper by the artist
32cm x 21cm
2017/2021

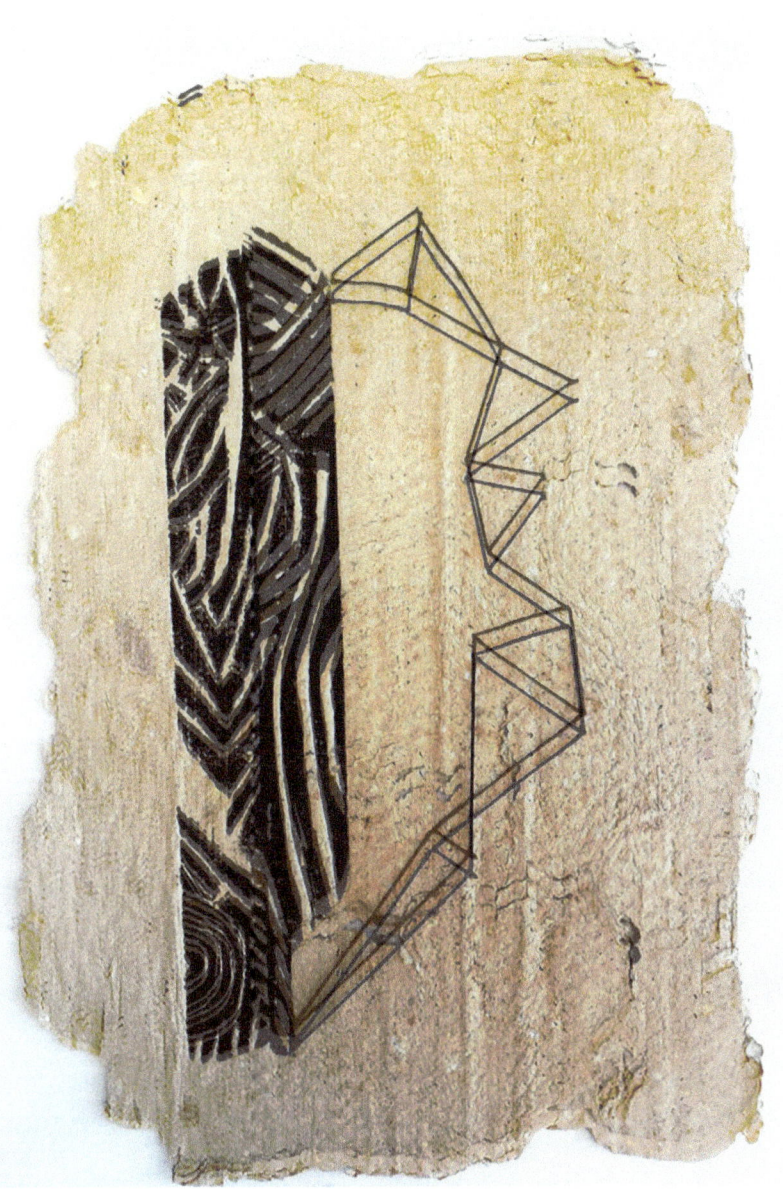

Klothó #6
Xilogravura, monotipia, bordado, papel manufaturado pela artista
Woodcut, monotype, embroidery on handmade paper by the artist
32cm x 21cm
2017/2021

Em meus papéis, as imperfeições, os rasgos, às bordas irregulares são minhas digitais. É onde o "imperfeito" se torna único, autêntico. Utilizo nos trabalhos que desenvolvo matrizes a partir de objetos do cotidiano. Resgato esses objetos de seu mundo e os reutilizo, inserindo-os em um outro contexto, o da arte. Agrego outros elementos à composição, páginas de um livro, folhas de madeira, tiras de tecido, que pertenceram a origens diversas. A impressão em xilogravura ocupa um pedaço deste cenário de curvas, de vazios e massas. As linhas de tecido bordam traços e formas geométricas percorrendo um caminho. Como nas figuras mitológicas de Penélope ao tecer uma manta transporto-me aos acontecimentos da minha própria existência; acontecimentos tecidos por memórias e lembranças, pelo "re-criar" e pelo reinventar. E das Moiras, que eram três mulheres, responsáveis por fabricar, tecer e cortar aquilo que seria o cordão da vida de todos os indivíduos. Uma delas é "klothó" que em grego significa "fiar", tecer o fio da vida. Não só no bordado ou na costura, bem como na preparação do papel e na construção da obra, ao ressignificar signos e códigos, eu crio a minha nova escrita.

Cynthia Dreyer

•*Projeto Impresso*•

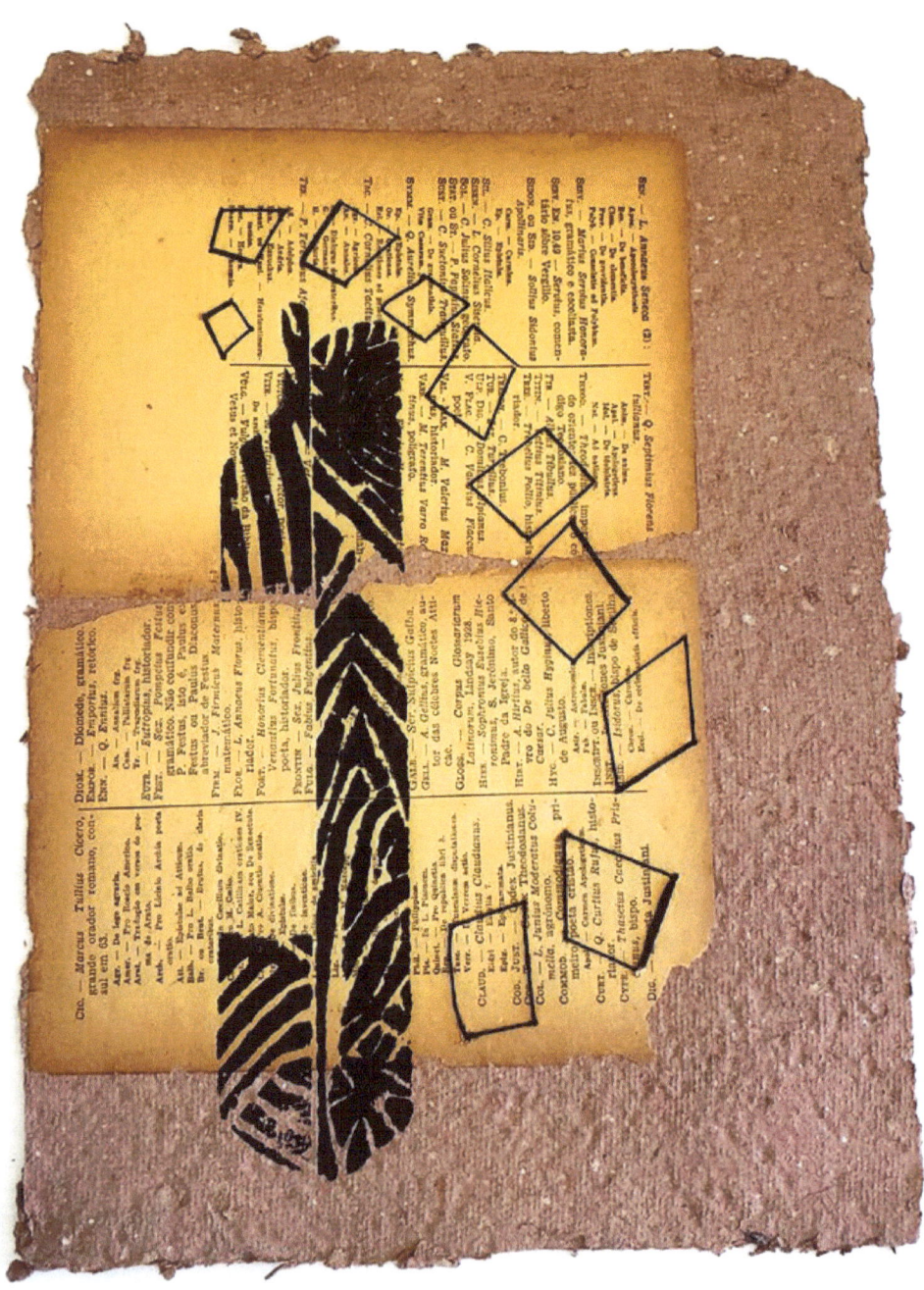

Engrafí #2
Xilogravura, monotipia, bordado, papel manufaturado pela artista
Woodcut, monotype, embroidery on handmade paper by the artist
32cm x 21cm
2017/2021

• *Projeto Impresso* •

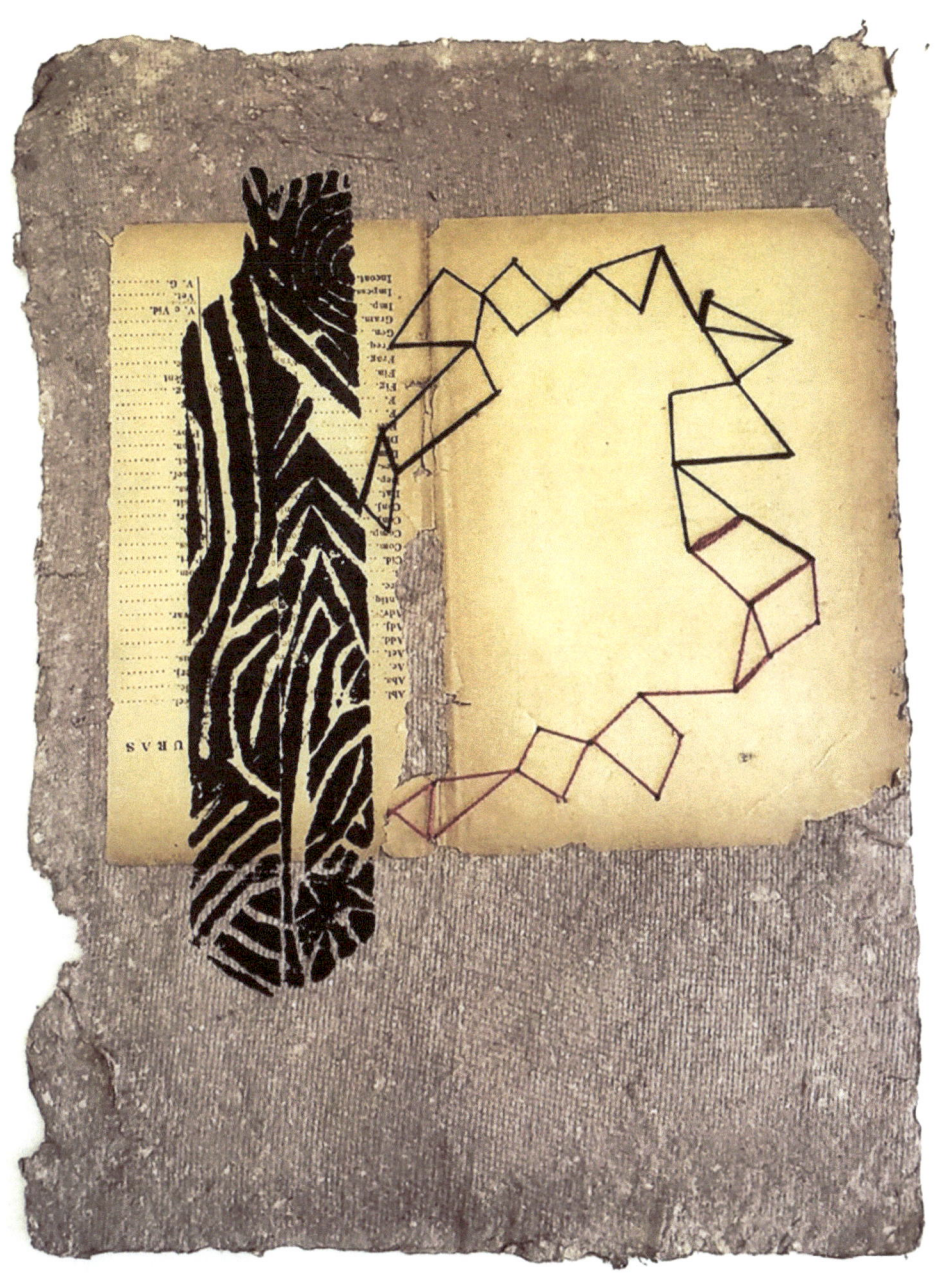

Engrafí #1
Xilogravura, monotipia, bordado, papel manufaturado pela artista
Woodcut, monotype, embroidery on handmade paper by the artist
32cm x 21cm
2017/2021

Cynthia Dreyer

•*Projeto Impresso*•

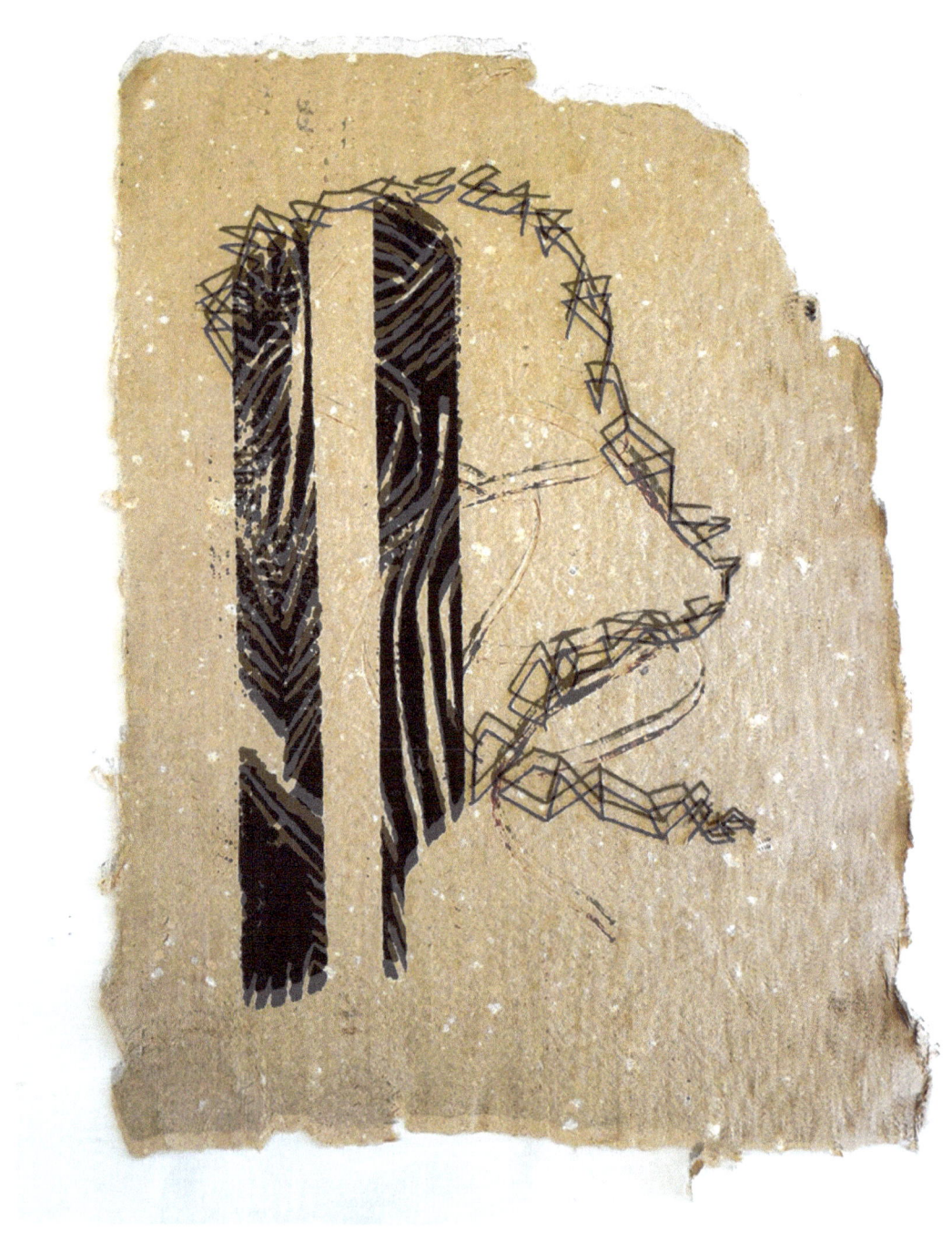

Klothó #7
Xilogravura, monotipia, bordado, papel manufaturado pela artista
Woodcut, monotype, embroidery on handmade paper by the artist
32cm x 21cm
2017/2021

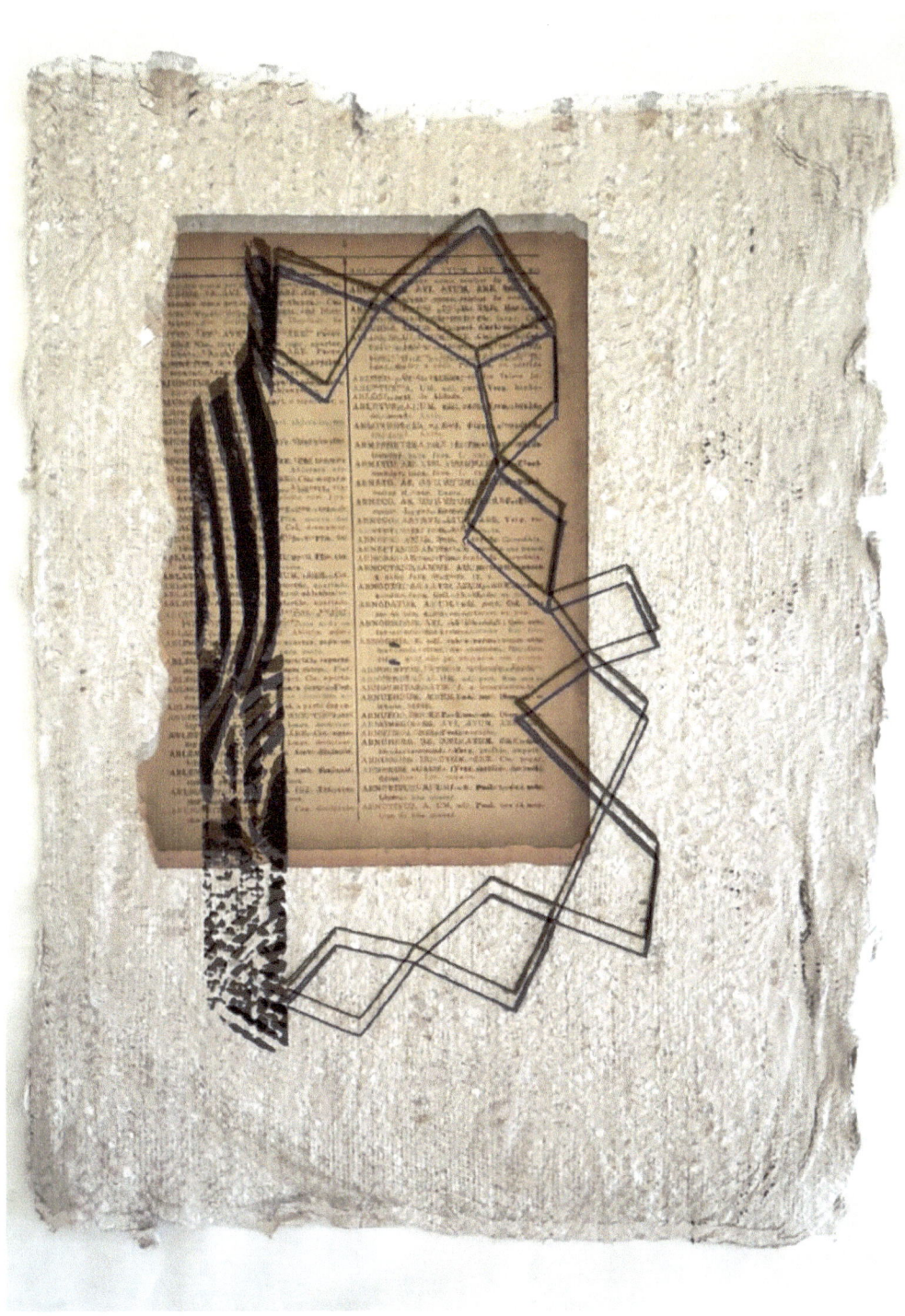

Engrafí #3
Xilogravura, monotipia, bordado, papel manufaturado pela artista
Woodcut, monotype, embroidery on handmade paper by the artist
32cm x 21cm
2017/2021

Cynthia Dreyer

•*Projeto Impresso*•

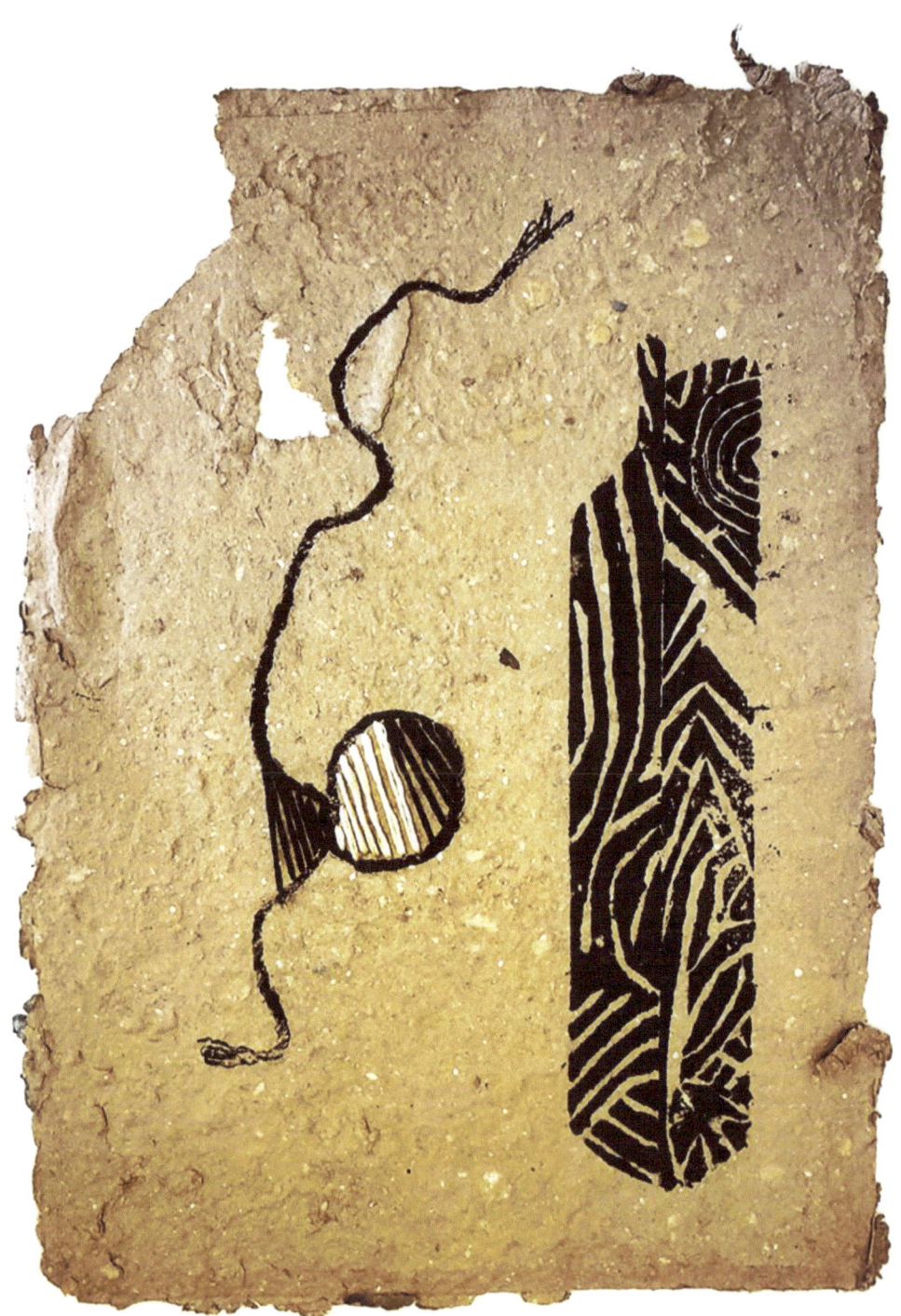

Klothó #3
Xilogravura, monotipia, bordado, papel manufaturado pela artista
Woodcut, monotype, embroidery on handmade paper by the artist
32cm x 21cm
2017/2021

•*Projeto Impresso*•

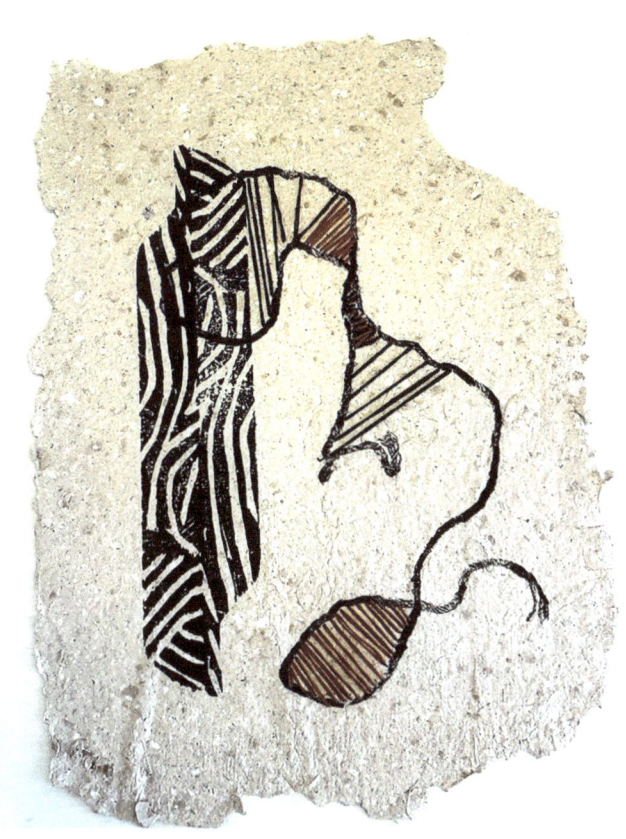

Klothó #2
Xilogravura, monotipia, bordado, papel manufaturado pela artista
Woodcut, monotype, embroidery on handmade paper by the artist
32cm x 21cm
2017/2021

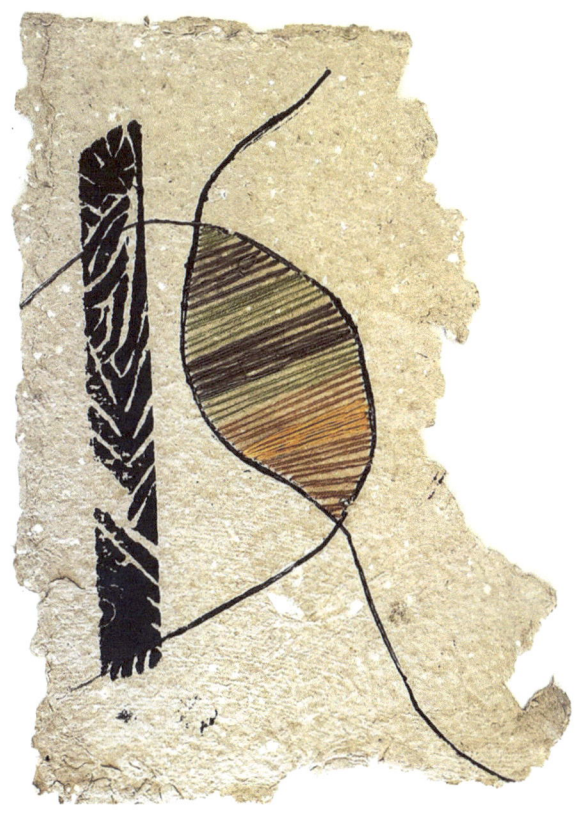

Klothó #1
Xilogravura, monotipia, bordado, papel manufaturado pela artista
Woodcut, monotype, embroidery on handmade paper by the artist
32cm x 21cm
2017/2021

Nkosana Nhlapo

Printing is a lively work in Johannesburg. With many art fairs and galleries, the city breathes art and creativity!

The Artist Proof Studio is an example, with many classes, equipment and sale of artist's works.

I've invited for this edition Nkosana Nhlapo, whom I've had the great pleasure to meet there, and whose work I do appreciate!

Eliane Avellar

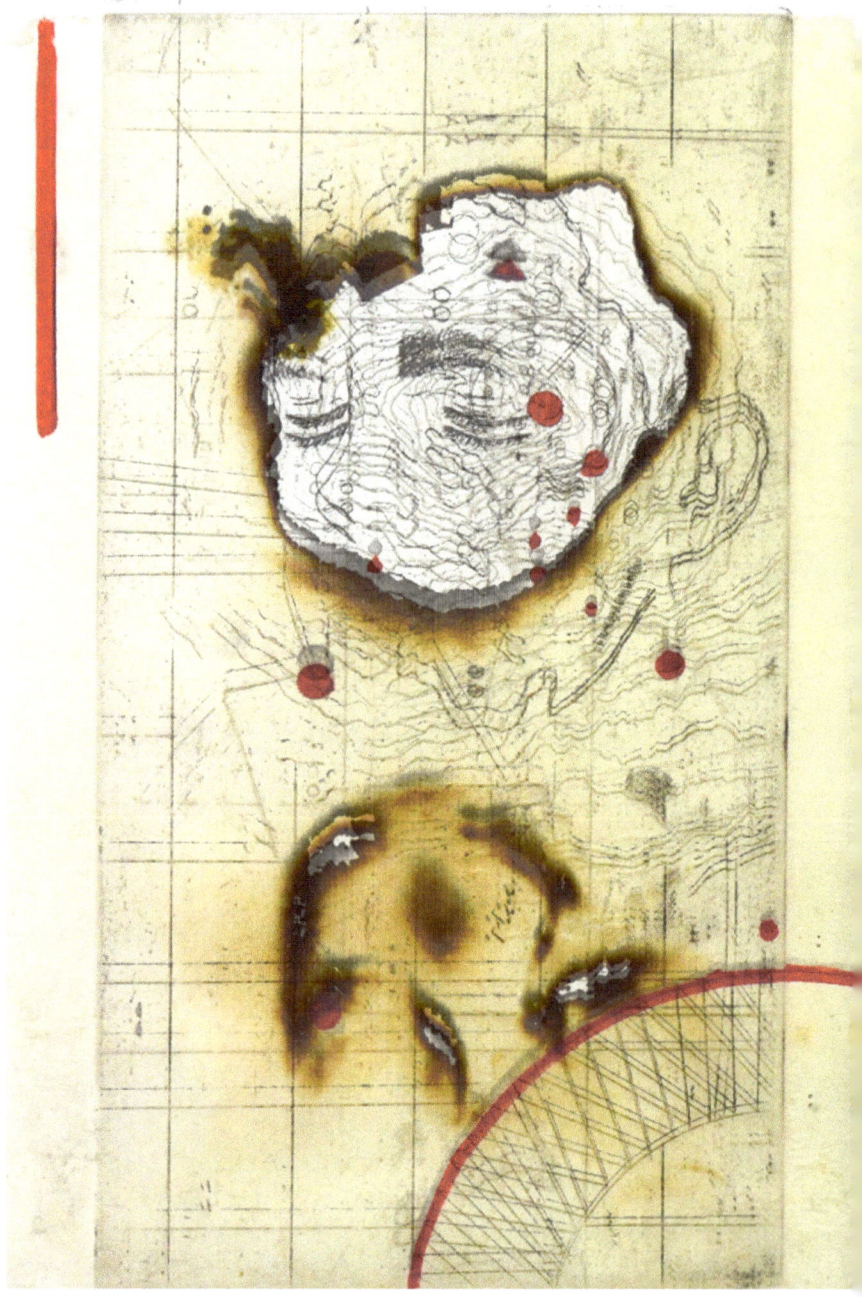

A Dream 2
2017

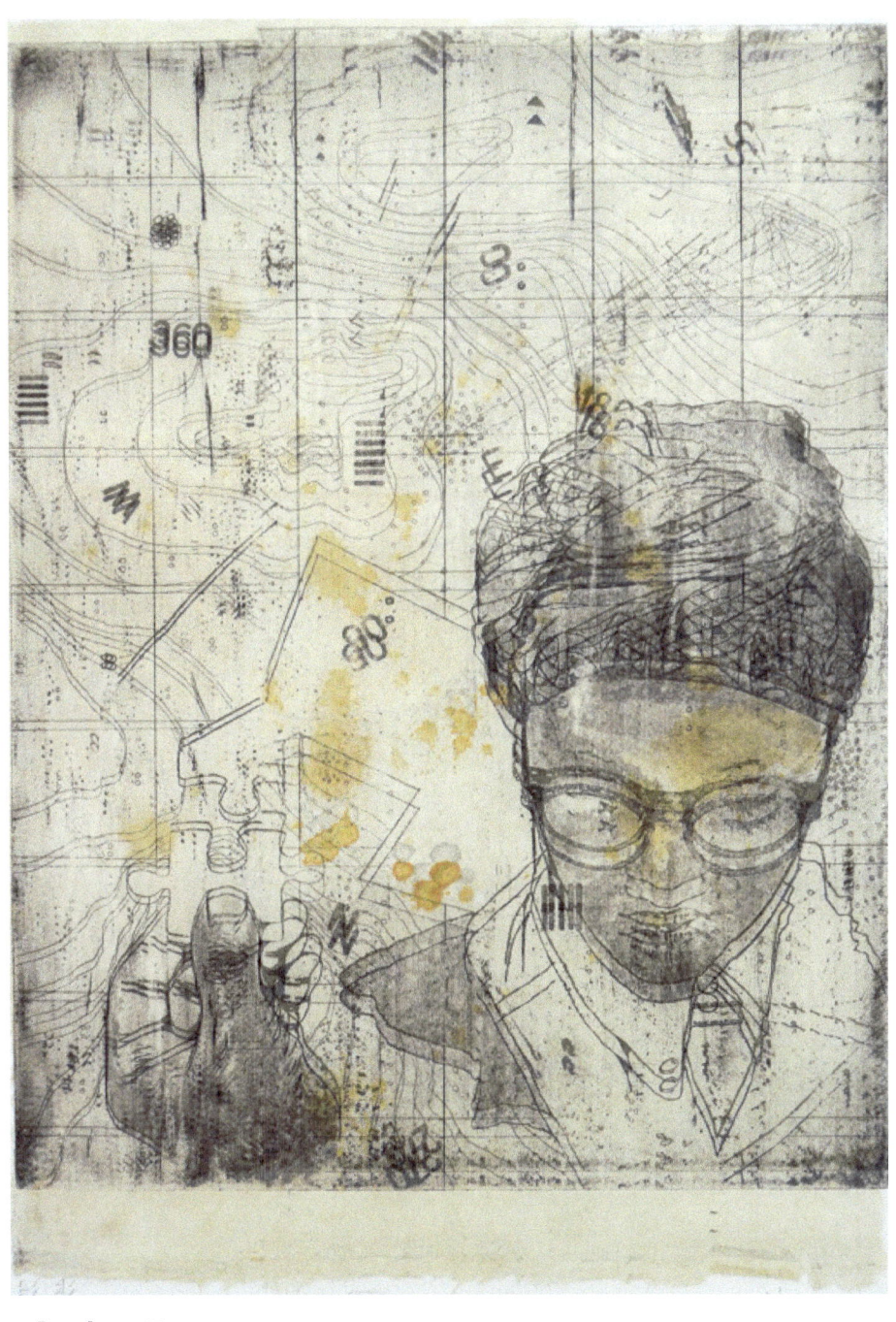

Inoculation II
2017

O trabalho da gravura é algo muito forte em Johannesburg.
Com muitas feiras de arte e galerias, a cidade respira arte e criatividade.
O Artist Proof Studio é um centro movimentado, com cursos, equipamentos de criação e loja de gravuras.
Convidei para essa edição, o artista Nkosana Nhlapo, que tive o prazer de conhecer. Admiro seu trabalho.

Eliane Avellar

Nkosana Nhlapo

•Projeto Impresso•

My work is based on Guidelines, the search for focus which enhances growth, development and personal belief. I am devoted to the cause of travelling as it is a link to a place, the history and its experience personnel therefore I intend to find meaning and understanding to the complexity of life. My work values moral fibers that helps form an opinion regarding existence.

I use the colorful misty atmosphere as a space where I think, plan and dream, where else I use maps as symbols for connection, development, guidance and planned fragments of existence, I believe everything in life is linked from the past, present and to the future. Found objects and playing cards appearing in my work are a physical reminder of the past life and ancient living methods (cardology). The brown color, rust and burned paper symbolizes my past experience and the red linear color symbolizes the sweeter and bitter journey I take on a daily basis.

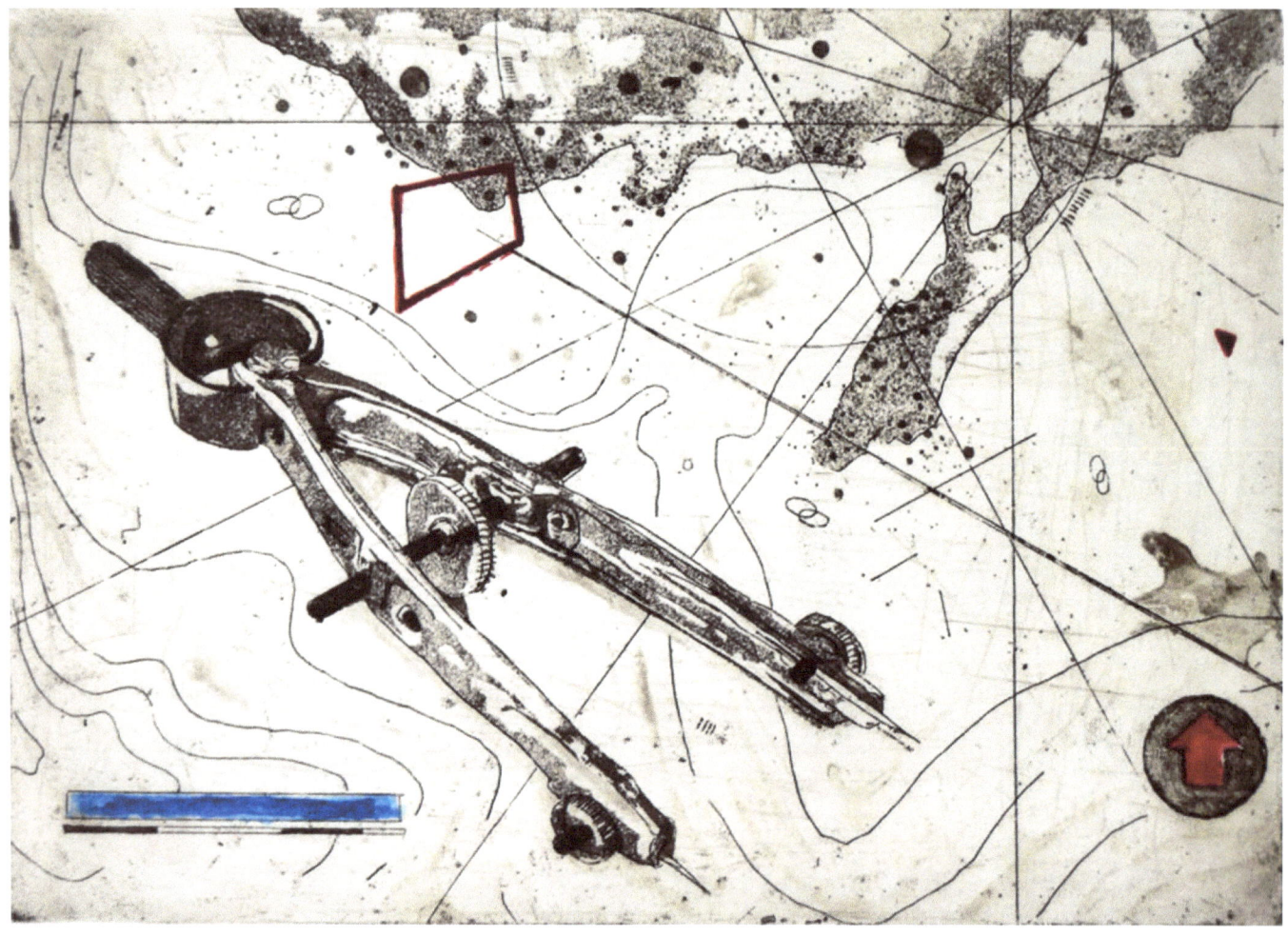

At Some point
2017

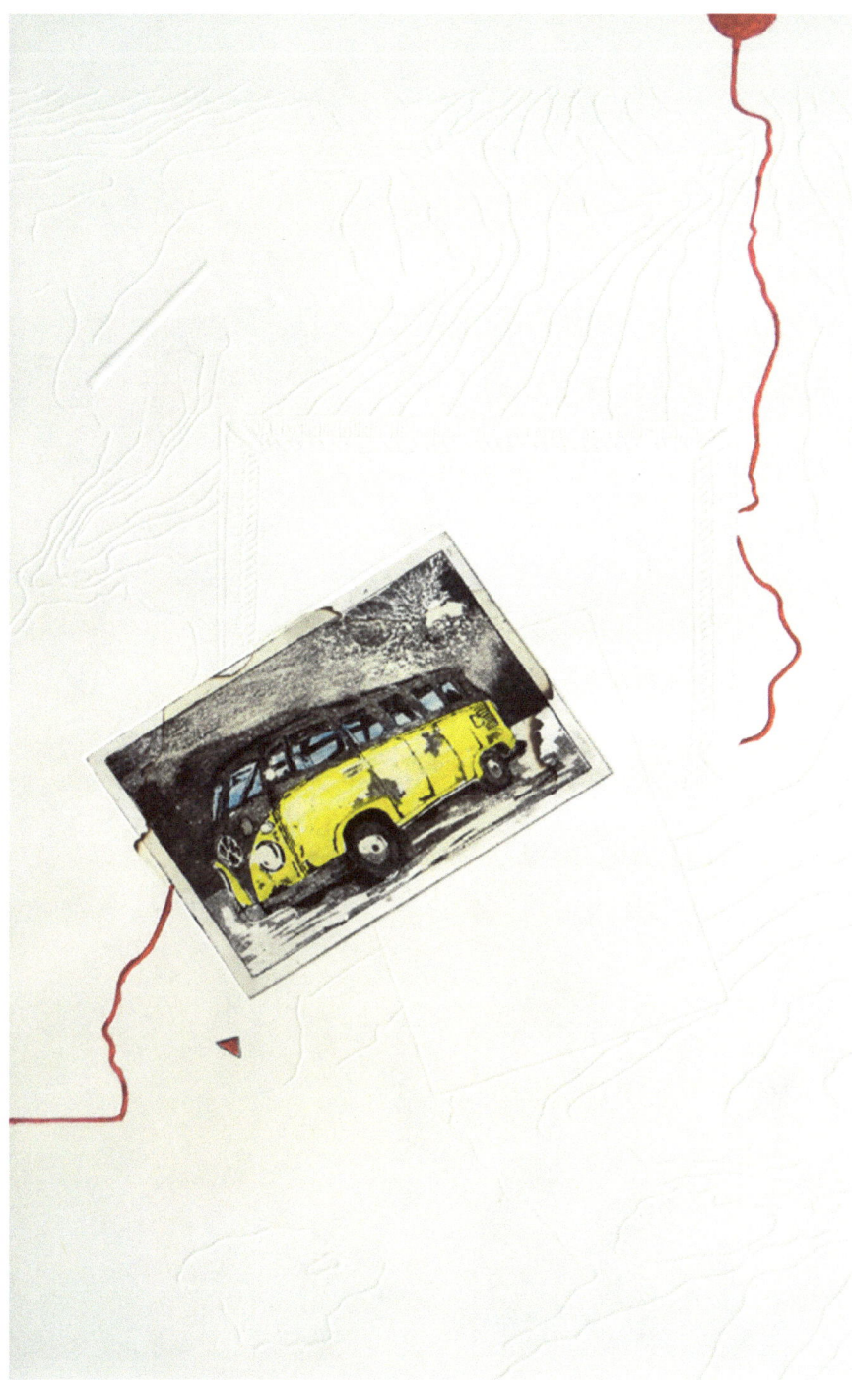

Bon Voyage
2017

Meu trabalho se baseia em Diretrizes, à procura de foco que realce o crescimento, desenvolvimento e crença pessoal. Sou devotado à causa da viagem, como ligação a outro lugar, à história e às experiências pessoais. Com isso procuro encontrar sentido e entendimento à complexidade da vida.
Meu trabalho dá ênfase à valores morais que auxiliam a formar opinião sobre a existência humana. Eu uso uma atmosfera nublada e colorida como um espaço onde eu penso, planejo e sonho; onde uso mapas como símbolos para conexão, desenvolvimento, orientação e fragmentos da existência.
Acredito que tudo na vida está ligado ao passado, presente e futuro. Os objetos achados e as cartas aparecem no meu trabalho como lembretes físicos das vidas passadas e da Cardologia. A cor marrom, a ferrugem, o papel queimado simbolizam experiências passadas, e a cor linear vermelha simboliza a jornada doce e amarga que vivo diariamente.

Nkosana Nhlapo

Projeto Impresso

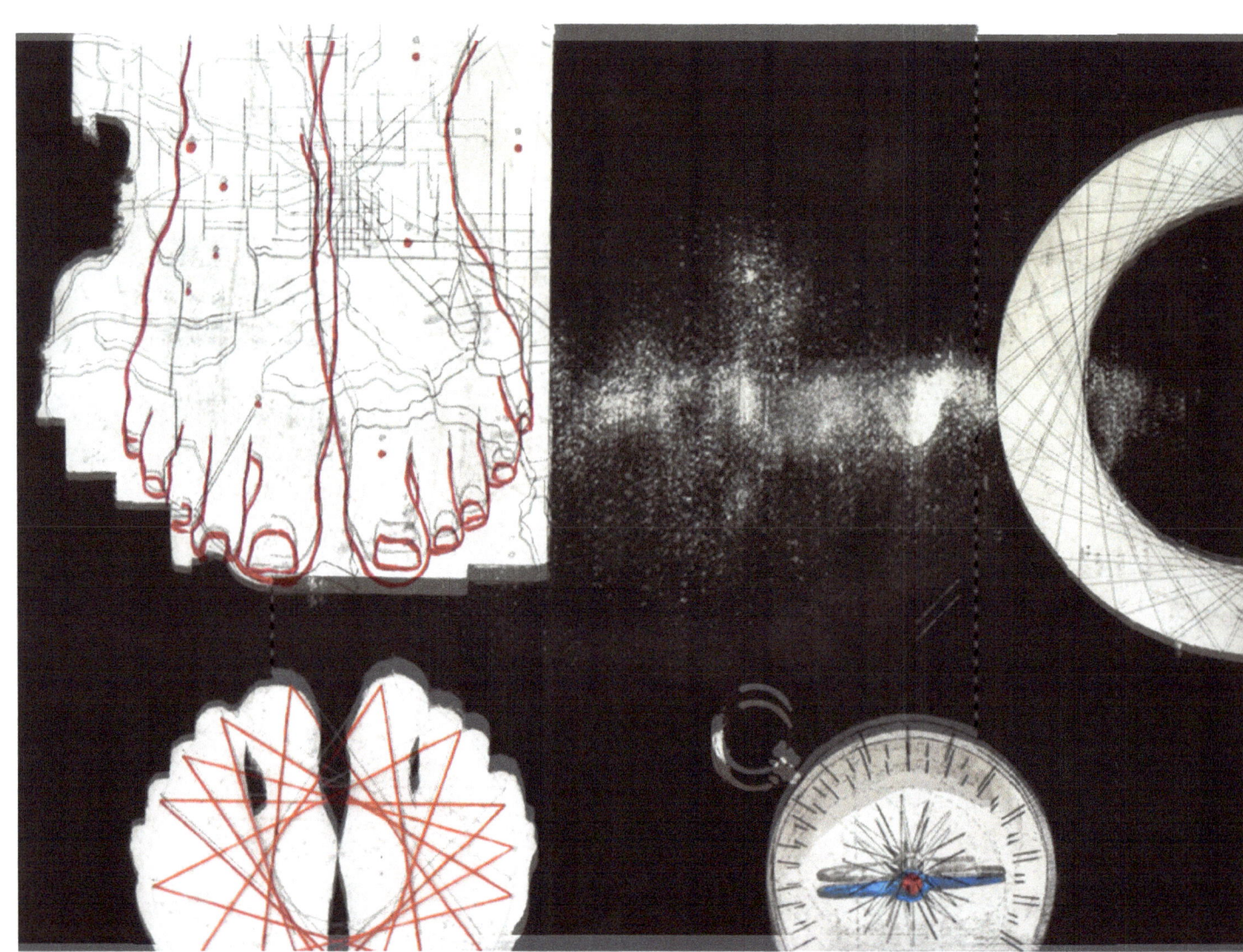

Iqqirha Lendlela I
2017

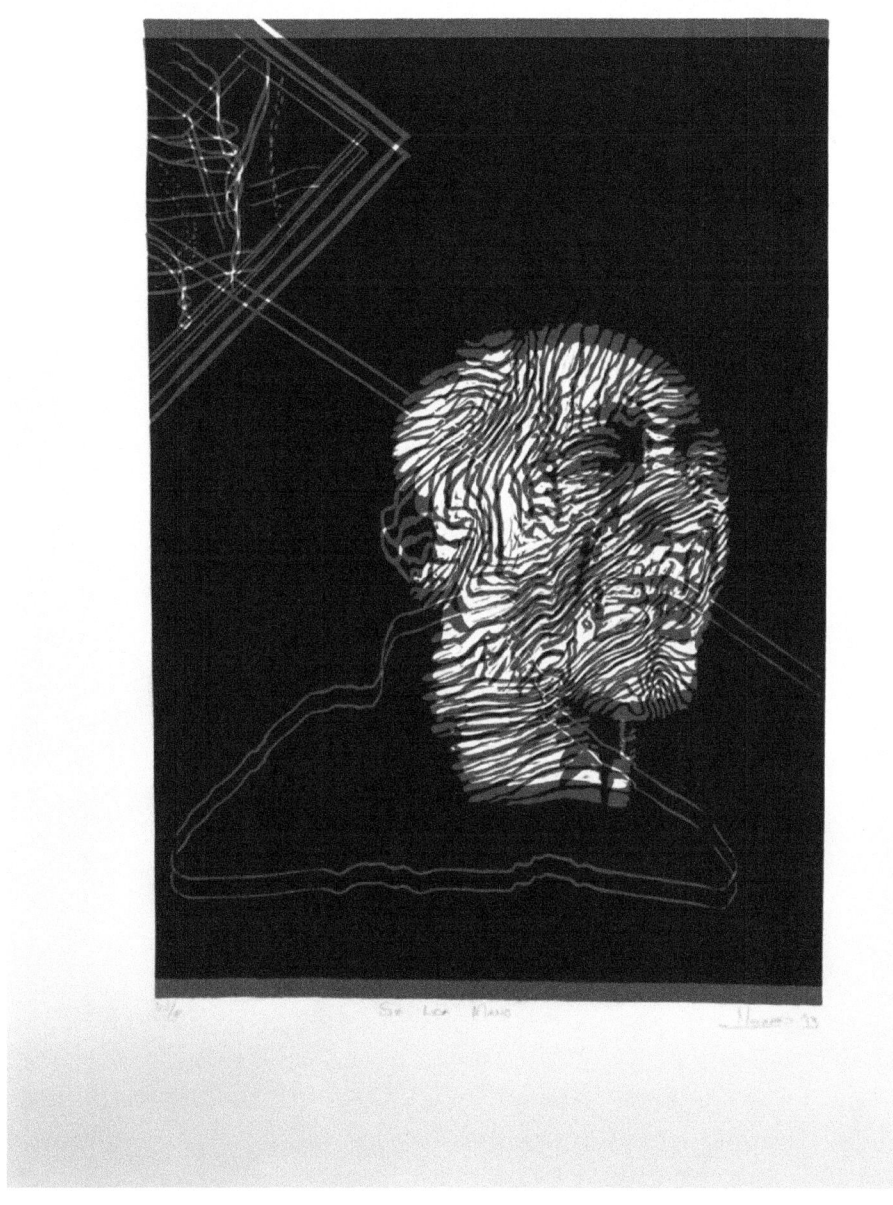

Sê Loa Mano
Sê Loa Mano
2013

Nkosana Nhlapo

•*Projeto Impresso*•

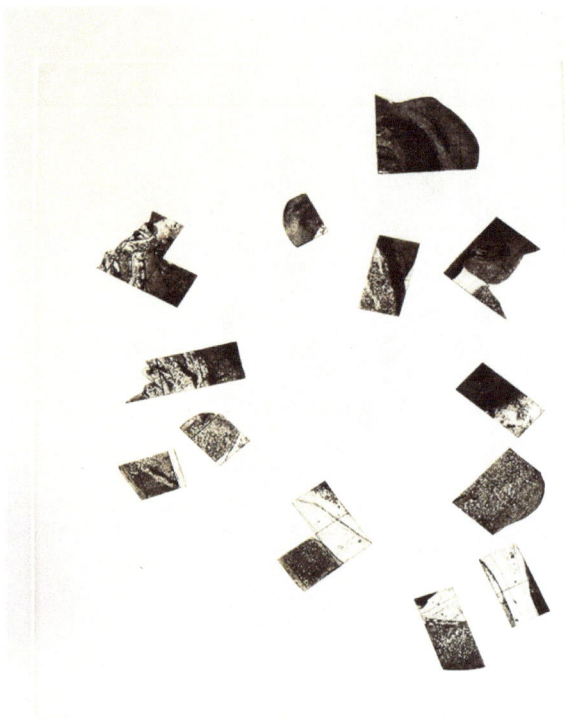

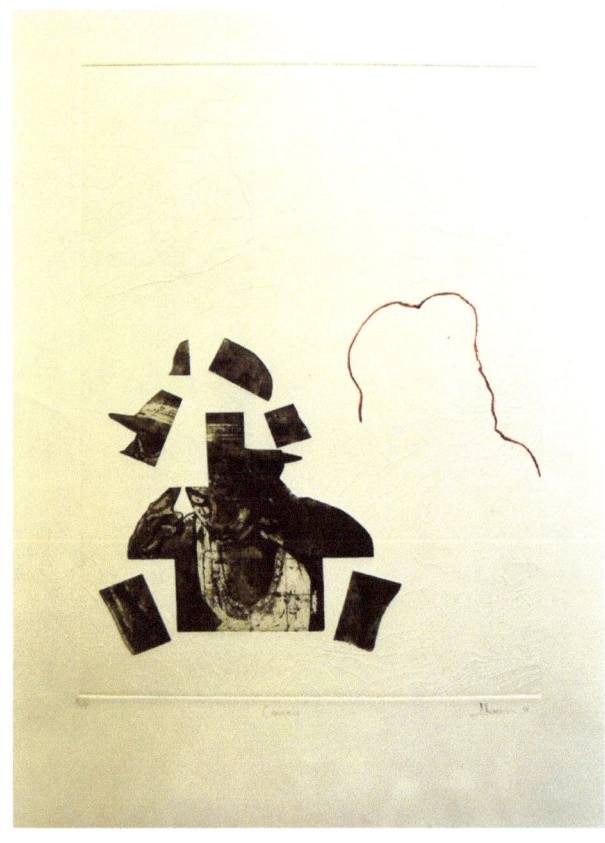

Sub conscious
 2013
Conscious
 2013

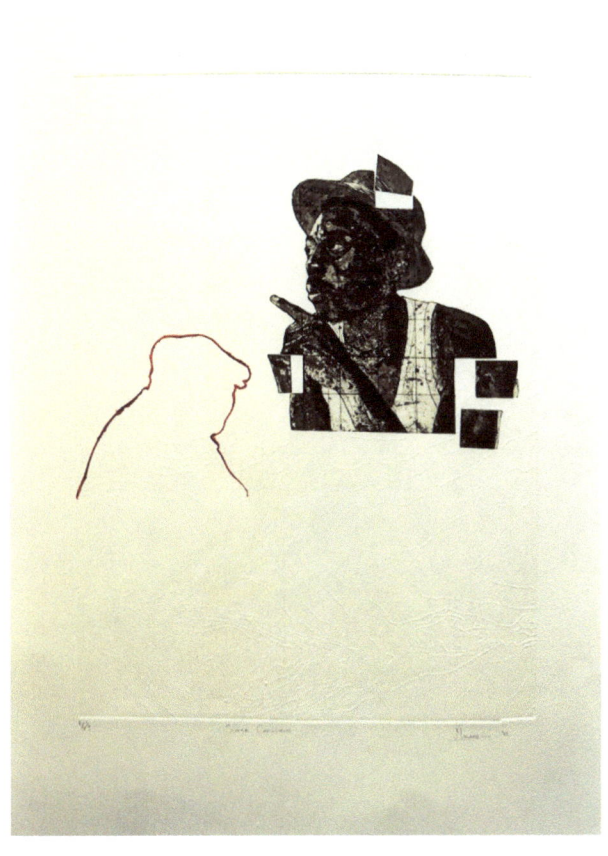
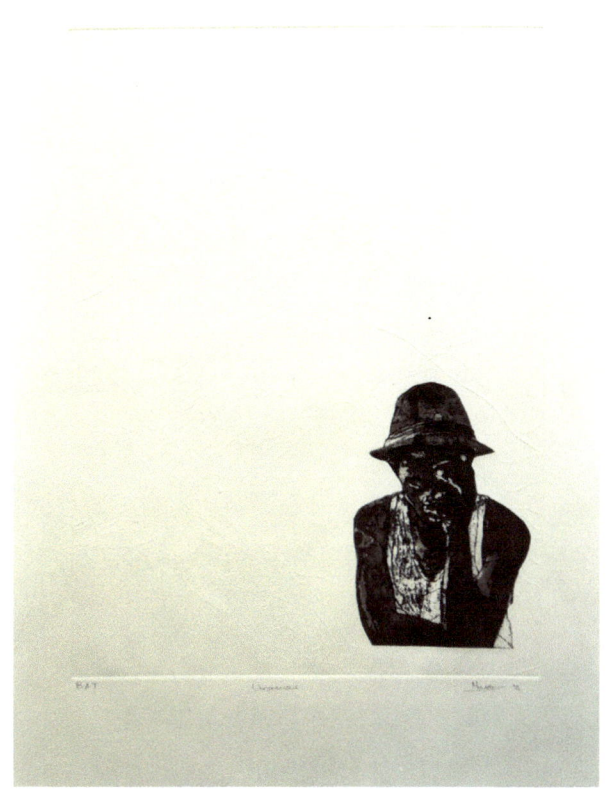

Super conscious
2013
Unconscious
2013

Eliane Avellar

South Africa has left a lasting impression in my life:
A sensation of wholeness, joy and peace!
The exuberant nature, my family there, and the amazing people have left memories, not only from a historical time, but also from a mythical one; something symbolic, deep, which I recognized at the moment I arrived there!
My work since then has been influenced by this personal experience, and the zulu titles are my special tribute to that land full of magic and light!

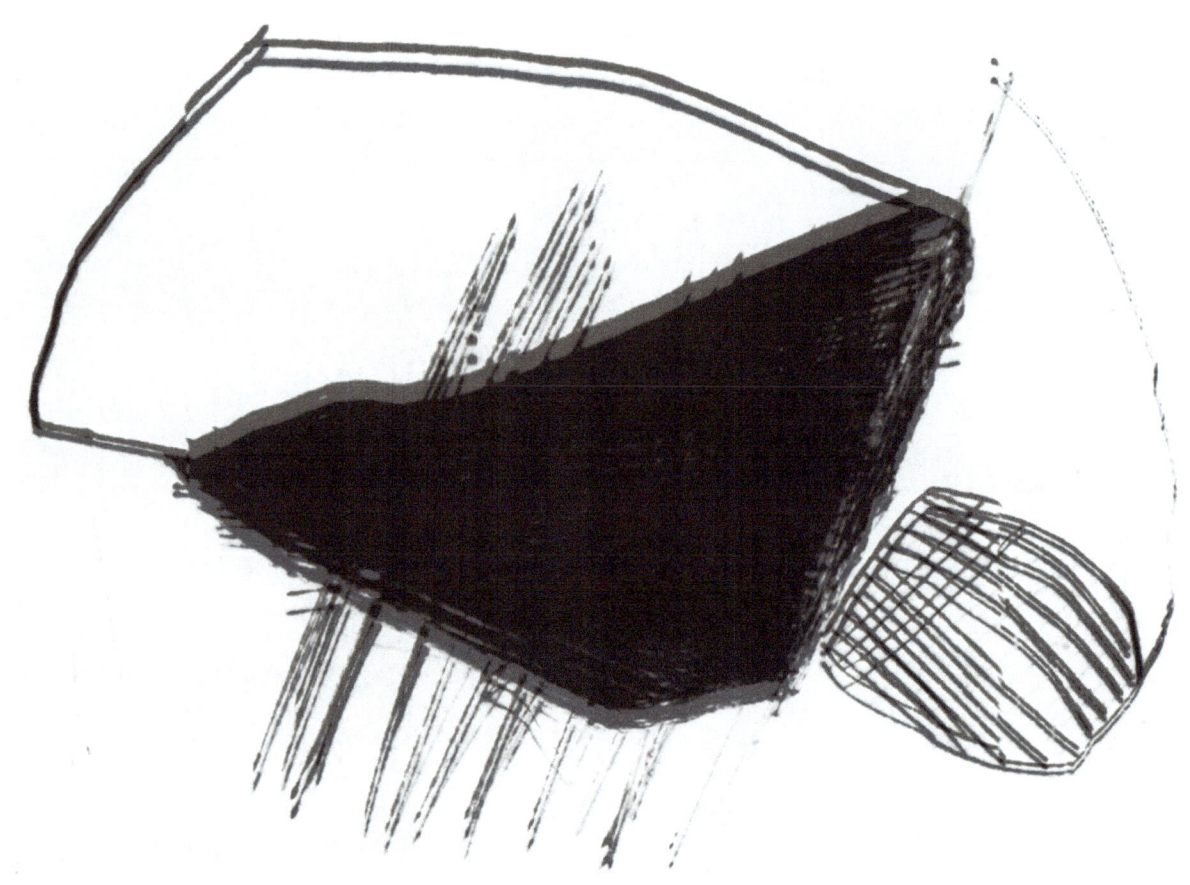

UBUQOTHO
Ponta seca e berceau
Drypoint and berceau
30 x 30
2019

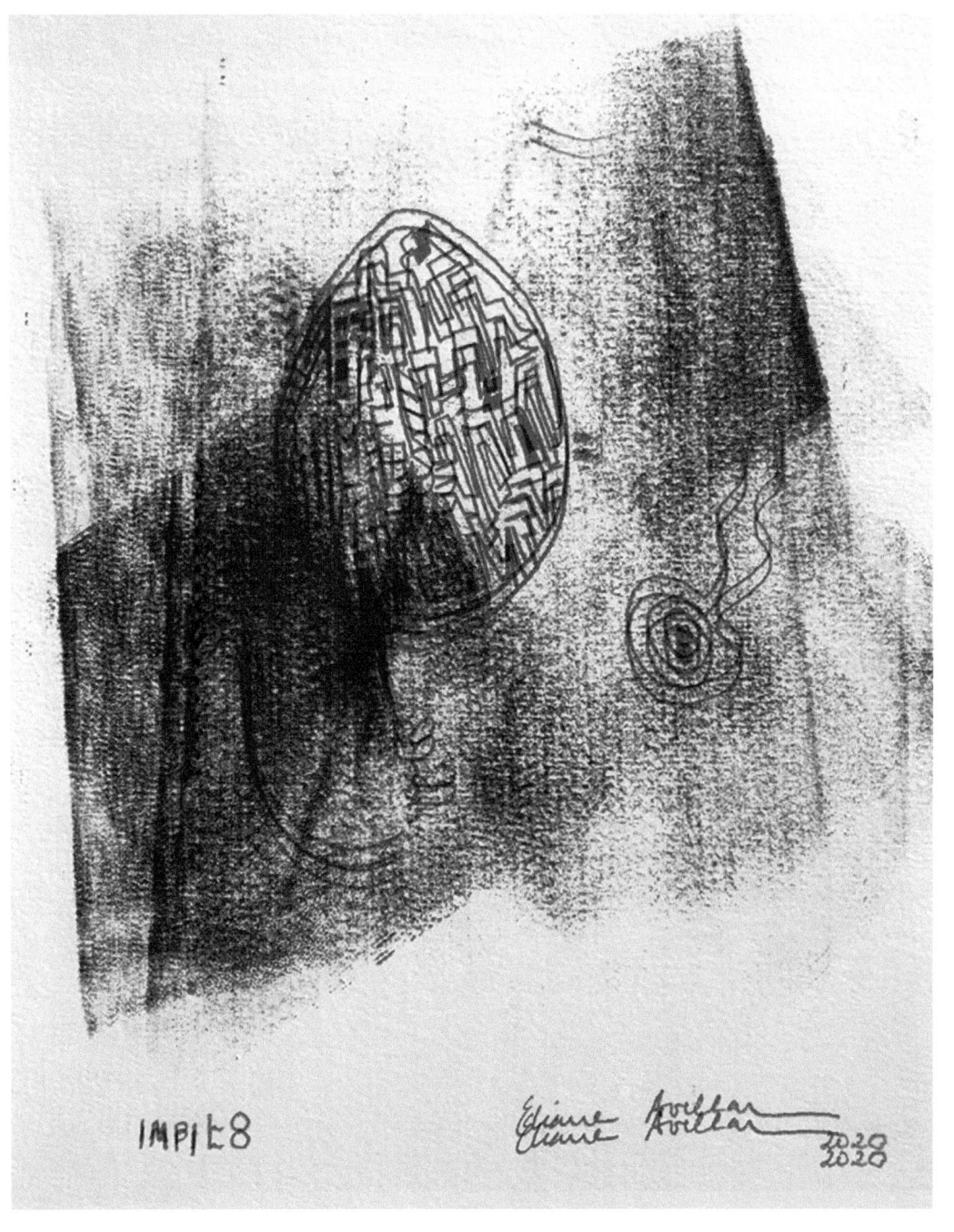

IMPILO
Monotipia
Monotype
21 x 29
2020

A África do Sul marcou minha vida para sempre:
Uma sensação de preenchimento, de alegria e paz!
A natureza exuberante, meus familiares e pessoas incríveis que conheci , me legaram memórias, não só de um tempo histórico, mas algo mais profundo, de um tempo mítico, simbólico, que re-conheci quando lá cheguei.
Meu trabalho tem sido influenciado por essa vivência, e seus títulos em zulu são minha homenagem a esse lugar pleno de magia e de luz!

Eliane Avellar

•*Projeto Impresso*•

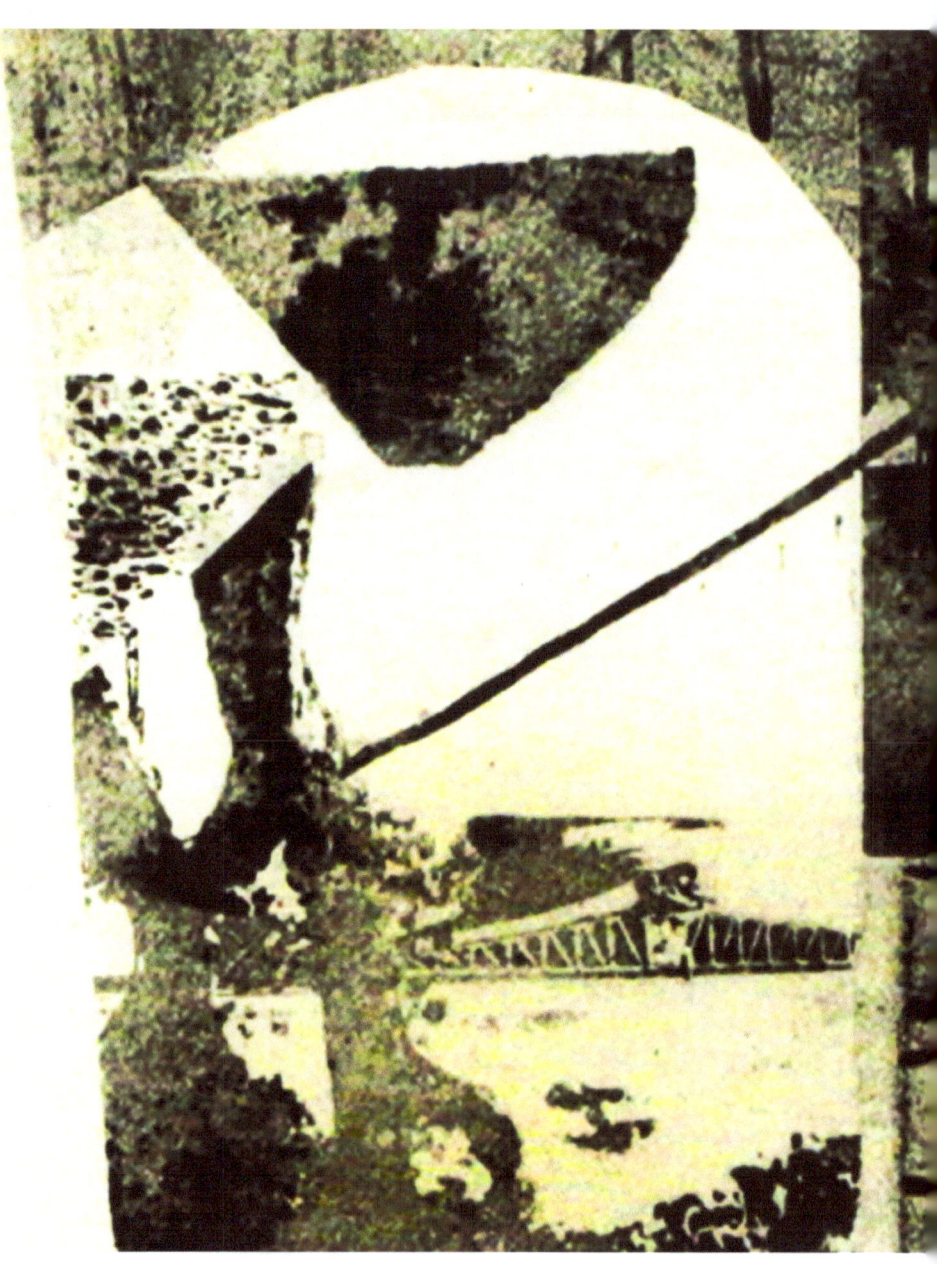

IZIKHUMBUZO
Fotogravura
Photoengrave
24 x 15
2020

•*Projeto Impresso*•

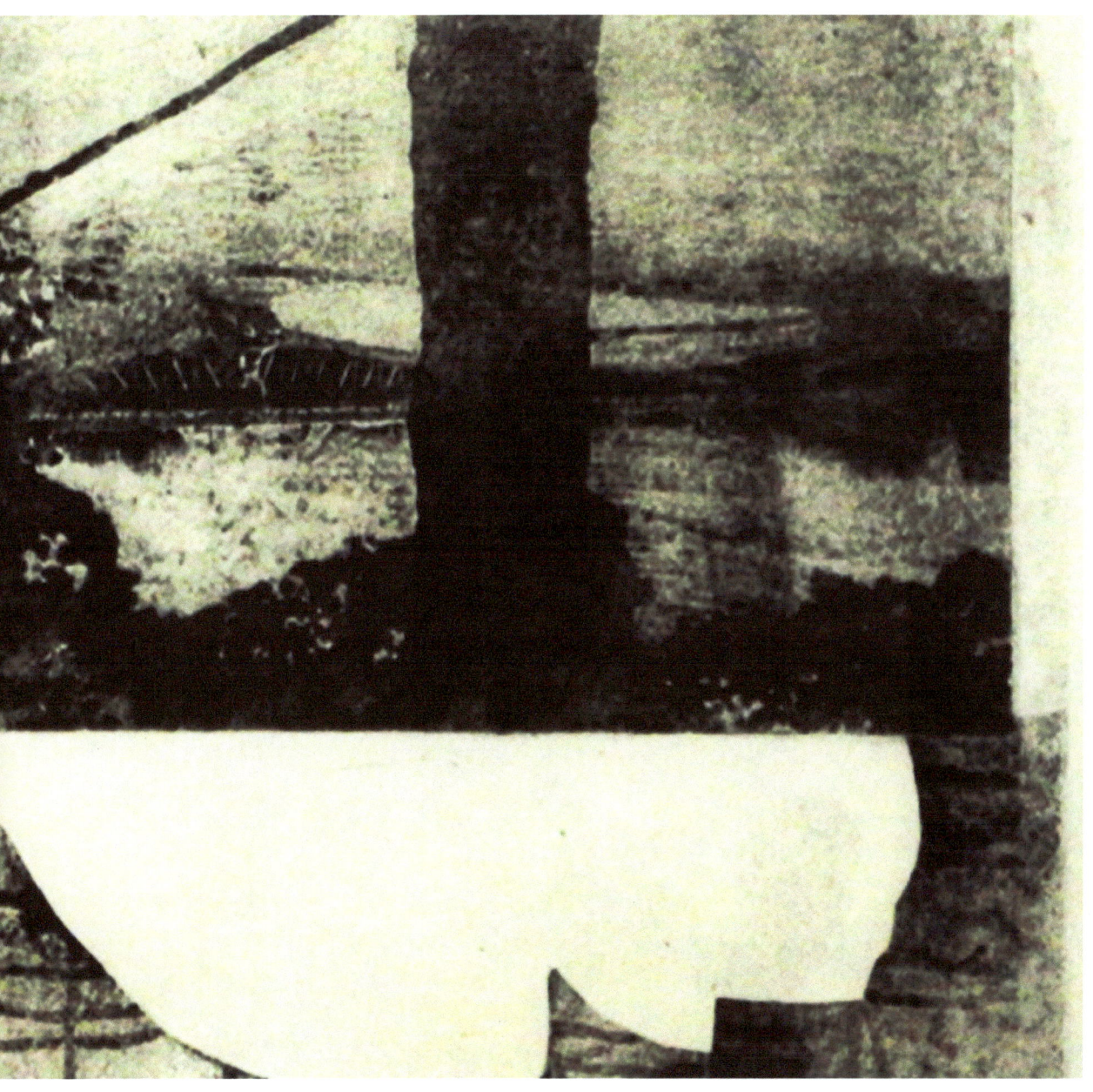

Eliane Avellar

·Projeto Impresso·
·Projeto Impresso·

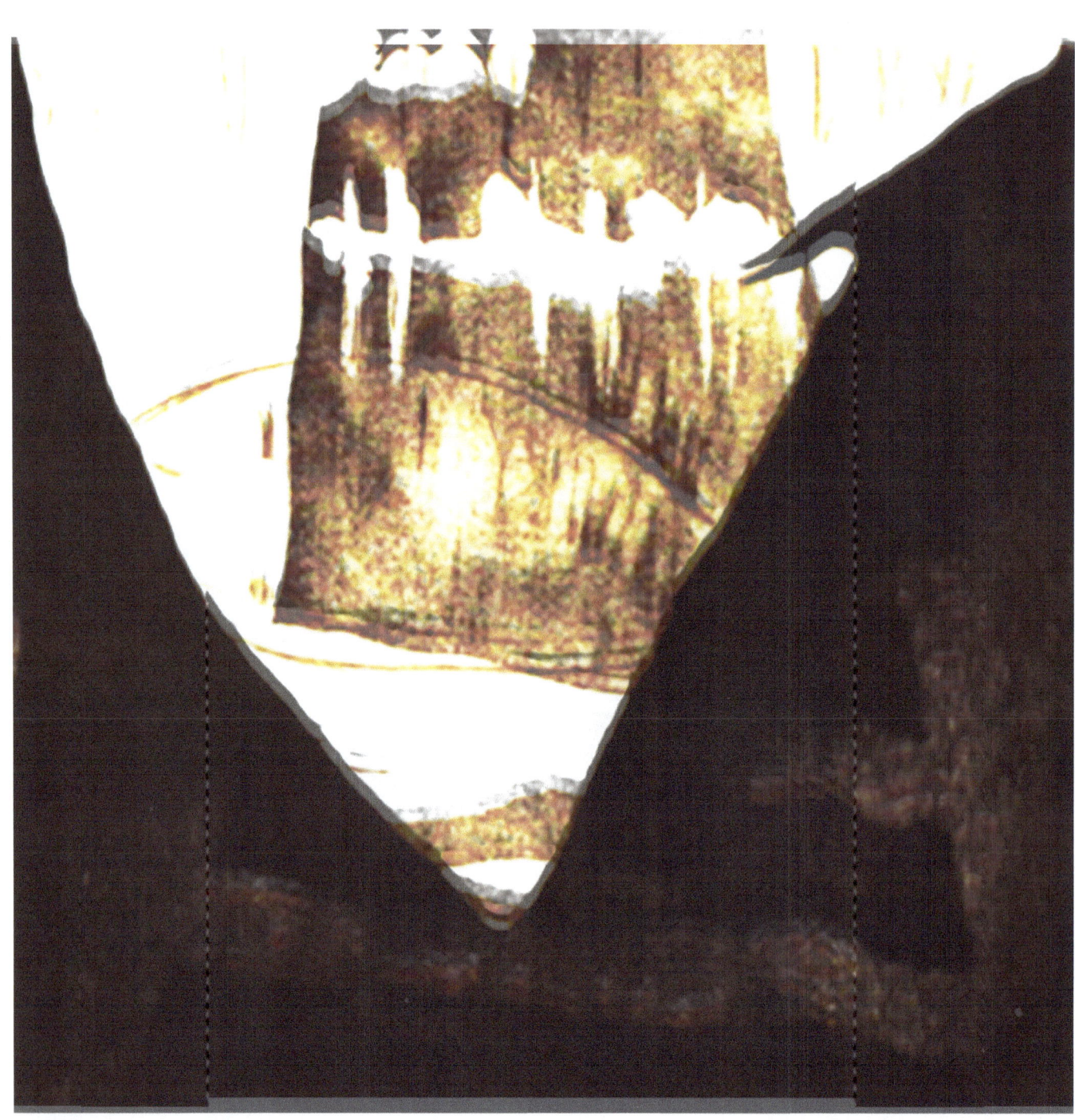

ZAIRA
Água-forte, água-tinta, ponta seca
Etching, aquatint, drypoint
15 x 15
2018

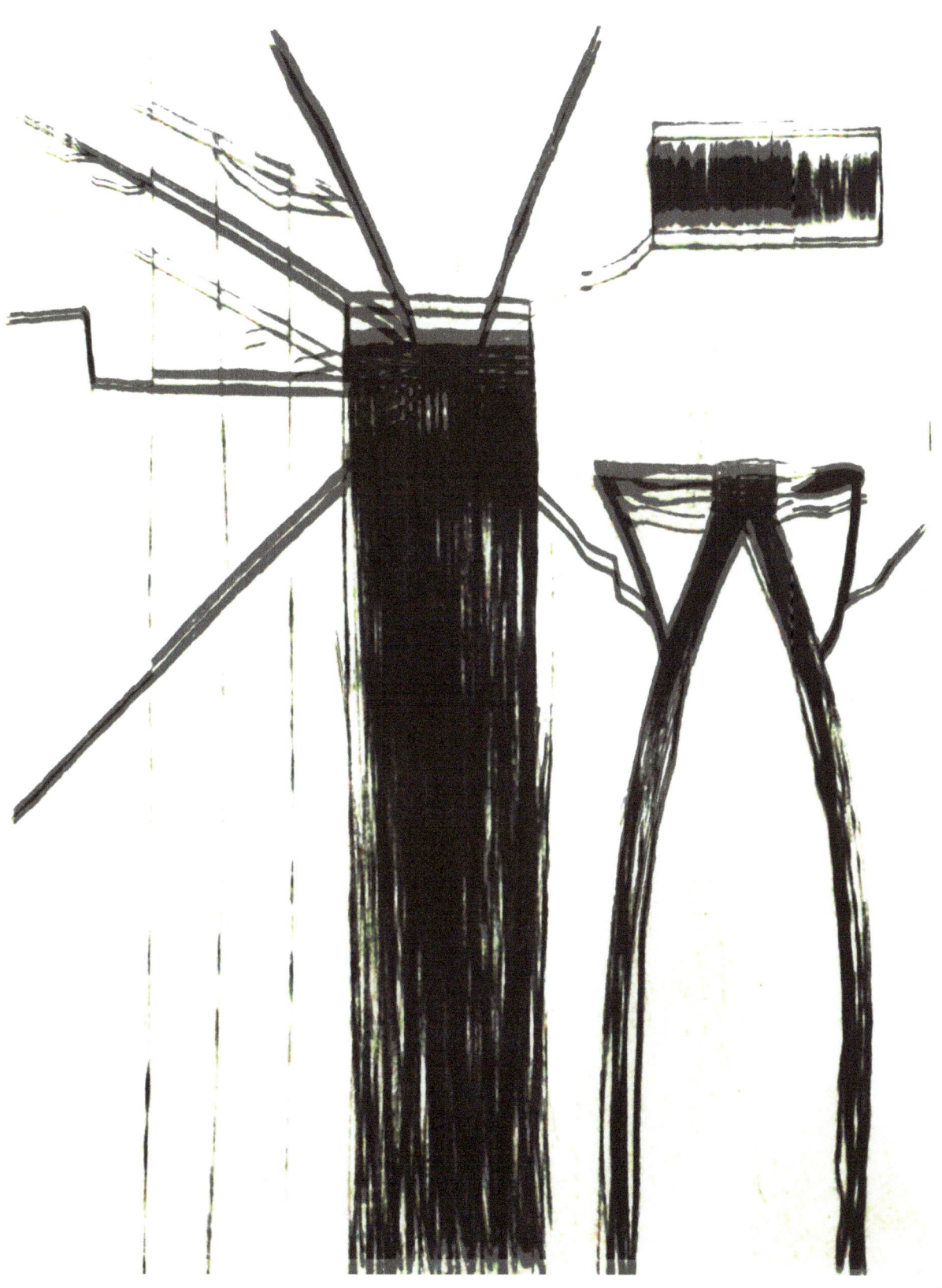

UMNDENI
Ponta seca e berceau
Drypoint and berceau
15 x 20
2019

Eliane Avellar

Projeto Impresso

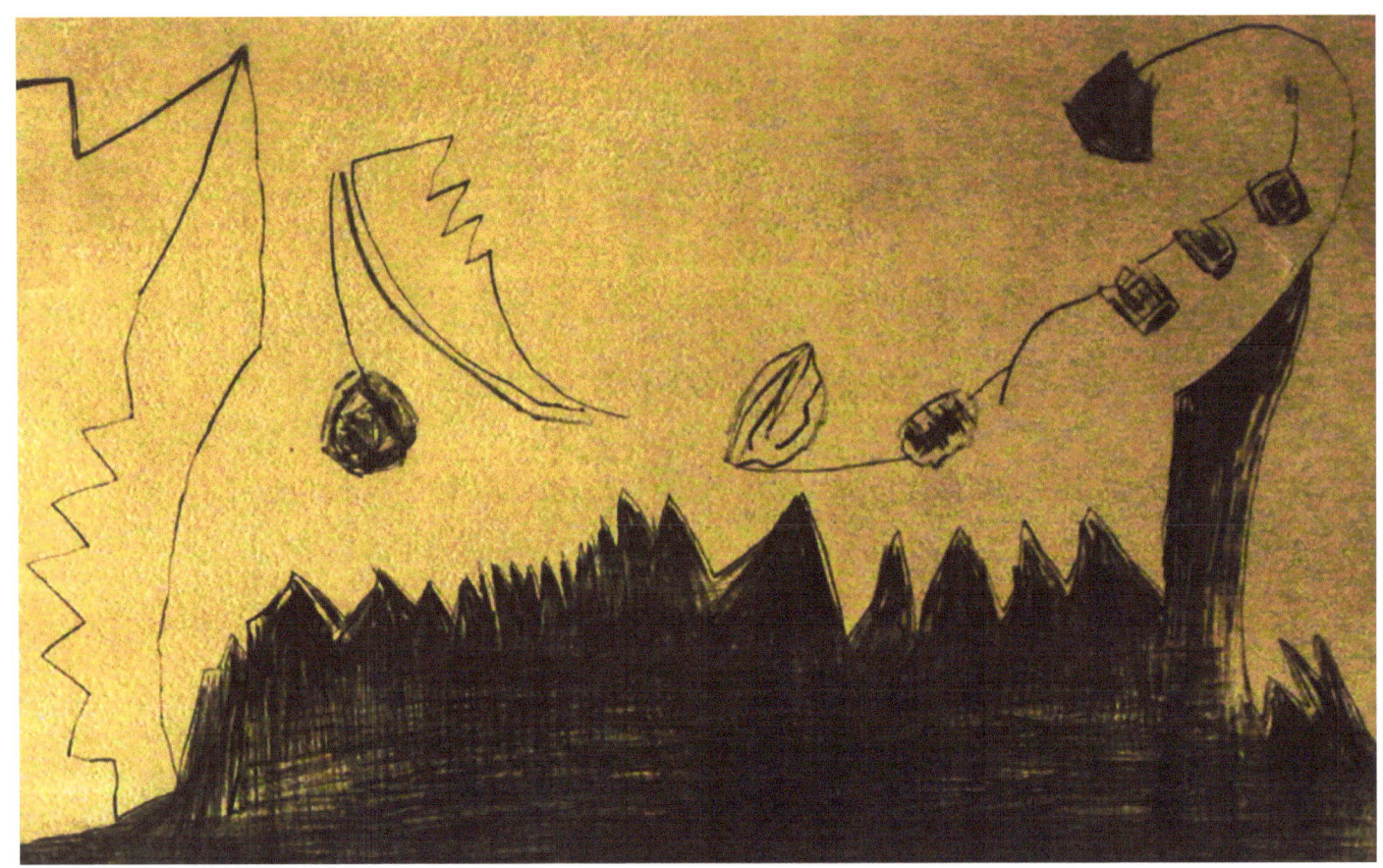

UGOGO WOMAMA
Ponta seca e berceau
Drypoint and berceau
20 x 15
2019

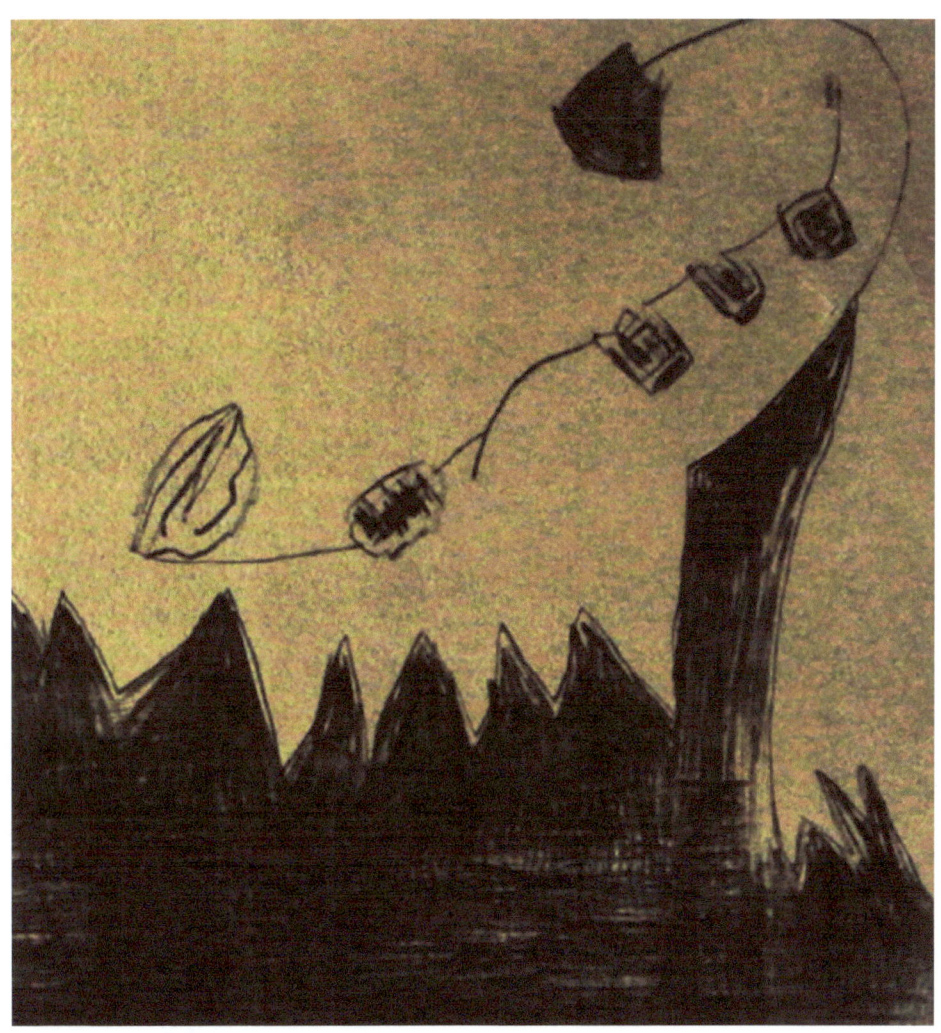

UGOGO WOMAMA
Detalhe / detail

Exposições/Exhibitions

Projeto Impresso

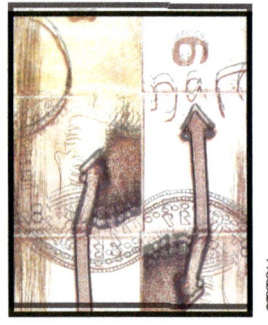
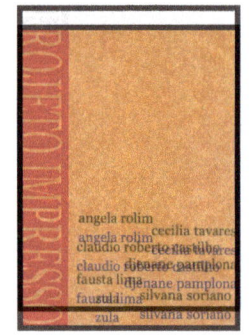
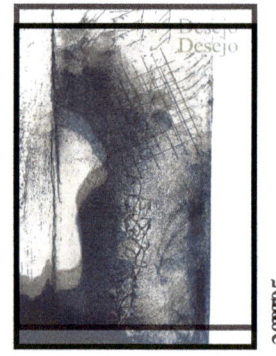
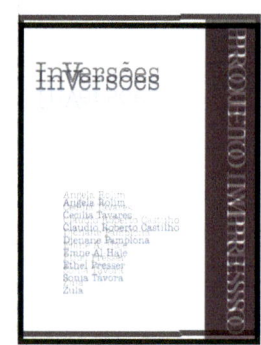
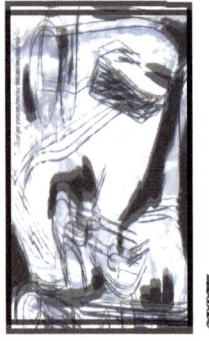
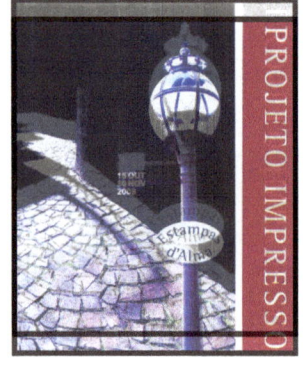
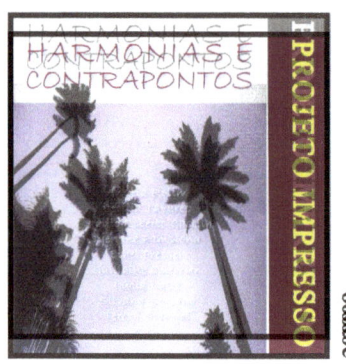
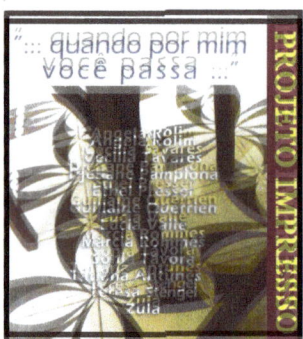
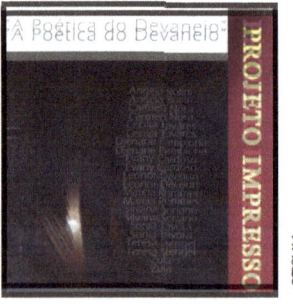
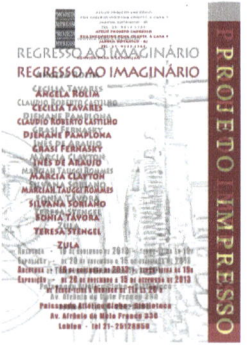
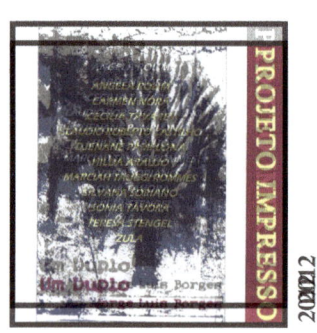
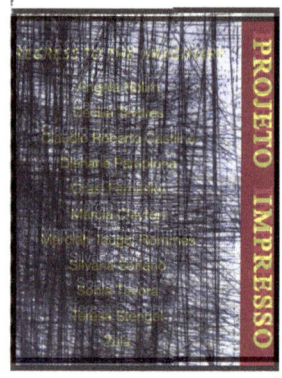
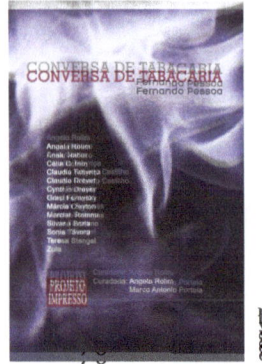
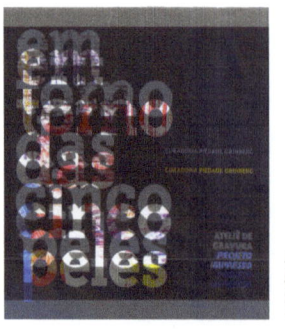
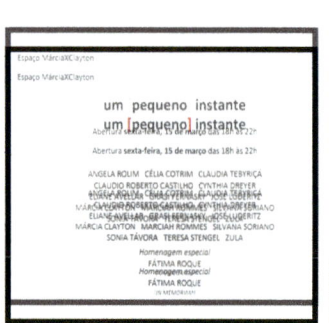
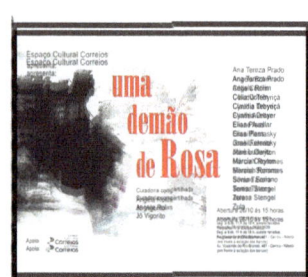

Artists Contatos / Artists Contacts

Projeto Impresso
https://www.instagram.com/projetoimpressoo/

Claudia Tebyriçá
claudiatebyrica@gmail.com
https://www.instagram.com/claudiatebyrica/

Claudio Roberto Castilho
https://www.instagram.com/claudiorobertocastilho/
https://www.instagram.com/ateliecasa10/

Cynthia Dreyer
cynthiadreyerart@gmail.com
https://www.instagram.com/cynthiadreyerart/

Edson Silveira
edsonsilveiras@yahoo.com.br
http://edsonsilveiras.blogspot.com

Eliane Avellar
eliavellar@yahoo.com.br

Guillaine Querrien
http://www.guillainequerrien.fr/
https://www.instagram.com/guillainequerrien/
https://www.facebook.com/guillaine.querrien

Nena Balthar
nbalthar@gmail.com

Nkosana Nhlapo
https://artistproofstudio.co.za/collections/all

• Projeto Impresso •

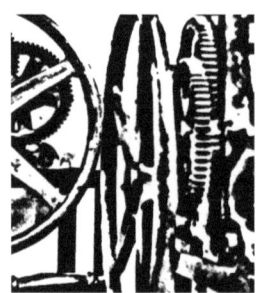

www.ingramcontent.com/pod-product-compliance
Lightning Source LLC
Chambersburg PA
CBHW051917210526
45473CB00006B/2047